Johann Daniel Metzger

Neue gerichtlich medizinische Beobachtungen

Erster Band

Johann Daniel Metzger

Neue gerichtlich medizinische Beobachtungen
Erster Band

ISBN/EAN: 9783743495227

Hergestellt in Europa, USA, Kanada, Australien, Japan

Cover: Foto ©berggeist007 / pixelio.de

Manufactured and distributed by brebook publishing software
(www.brebook.com)

Johann Daniel Metzger

Neue gerichtlich medizinische Beobachtungen

Johann Daniel Metzgers

Königl. Leibarztes und Prof. ꝛc.

Neue

gerichtlich medicinische

Beobachtungen.

Erster Band.

Königsberg, 1798.
In der Hartungschen Buchhandlung.

Diese Sammlung gerichtlich medicinischer
Aufsätze schließt sich an die zwey Jahrgänge
von Beobachtungen an, welche in den
Jahren 1778 und 1780 im Kanterschen
Verlag herauskamen, den Herr Hartung
in der Folge käuflich an sich gebracht hat.

Wann die Bekanntmachung gerichtlich medicinischer Beobachtungen nicht allein in Rücksicht auf die Medicina forensis, sondern auch auf die practische Anatomie Nutzen schaffen kann, so ist die Herausgabe dieser Sammlung schon gerechtfertigt.

Königsberg, den 1ten Jul. 1797.

Der Herausgeber.

I.

Gerichtlich = medizinische Aktenstücke zur Ge=
schichte einer berüchtigten Betrügerin, Schaß=
gräberin, Mörderin. Zugleich ein Beitrag
zur Geschichte simulirter Krankheiten.

---

1. Vorläufige Geschichts = Erzählung.

L. C. Wiedemannin, jetzt etwa 30 Jahr alt, auß
Königsberg gebürtig, erreichte unter den Augen
ihrer Eltern ihr 20ftes Jahr. Der Vater war See=
fahrer; die Mutter zu unverständig, um ihre Toch=
ter gehörig zur Arbeit anzuhalten. Nebst einer
vortheilhaften Bildung scheint ihr die Natur zu ih=
rem Unglück die Gabe eines einnehmenden Betra=
gens verliehen zu haben, wodurch sie in den letztern
zehn Jahren so viele Menschen bethört hat. Von
Jugend auf zum Müßiggang und zur Weichlichkeit
gewöhnt, gieng ihr Trachten immer dahin, sich

A

Wohlleben auf anderer Unkosten zu verschaffen. Nachdem sie ihrer Vergehungen wegen in die Hände der strafenden Gerechtigkeit gefallen war, so fieng sie an, den Gang der Untersuchungen durch verstellte Krankheiten zu unterbrechen und sich durch eben dieses Mittel die Zuchthaus = und andere Strafen zu erleichtern. Einen Mord hat sie versucht und einen ausgeübt, um der ihrer Weichlichkeit unbehaglichen Lage ihrer Gefangenschaft zu entgehn. Noch ist vielleicht die Geschichte ihrer Verbrechen nicht zu Ende.

Dies sind die Hauptzüge des Gemäldes, welches ich hier aufstellen muß. Ich werde jetzt die Hauptfacta der Lebensgeschichte dieser Heldin ausheben.

Den Anfang ihrer merkwürdigen Lebensperiode machte Wiedemannin dadurch, daß sie im 15ten Jahr ihres Lebens schon wegen Diebstal in Untersuchung kam. Im 20sten gieng sie in Dienste als Stubenmädchen, da ihr denn die Arbeit nicht gefallen haben mag, indem sie sich zweymal nacheinander schwängern ließ. Das erste Kind hatte, wie sie noch jetzt immer behauptet, einen vornehmen Vater, der sich jetzt in Berlin aufhält; das zweyte war von einem Friseurgesellen. Da die

W. wárend ihren Schwängerschaften und Wochenbet=
ten nicht dienen konnte und doch keinen Mangel leiden
wollte, so begab sie sich zu einer gutherzigen Schif=
ferfrau, bey welchen sie ihr Talent zum Betrug
zuerst ausübte. Sie spiegelte nemlich dieser Frau
vor, sie habe eine reiche Erbschaft aus Holland zu
erhalten, bewies ihr die Gründlichkeit ihrer Hofnun=
gen durch Briefe von vornehmen Herren, welche die
Erbschaft auszahlen sollten, und erpreßte von ihr
so viel Geld und Kleidungsstücke, als sie konnte,
verließ sie darauf und zog zu einer andern Frau, der
sie unter eben denselben Vorspiegelungen ebenfalls
Kleidungsstücke, Geld und Geldeswerth abnöthigte,
bis endlich die Betrogenen einsahen, wie schändlich
sie hintergangen worden waren und die Betrügerin
vor Gericht foderten.

Das Ostpreußische Criminalcollegium war
das Forum delicti. Die Untersuchung wider die W.
war kaum angefangen, als sie dieselbe durch das
Vorgeben einer Schwangerschaft zu hemmen ver=
suchte und da eine Hebamme dies bestätigte, so
wurde die W. gegen eidliche Gewährsleistung ent=
lassen, entfloh aber bald mit ihrem angeblichen
Schwängerer und es kostete unsägliche Mühe, sie
wieder aufzufinden. Nun wurde die Angabe der

Schwangerschaft genauer untersucht und falsch be=
funden, und die W. zur Zuchthausstrafe verurtheilt.
Diese Strafe wurde im November 1787 an ihr
vollzogen.

Hier sollte sie, wie andere Züchtlinge arbei=
ten, wozu sie aber keine Lust hatte, und um davon
dispensirt zu bleiben, fand sie für gut, epileptische
Zufälle zu bekommen, und schützte im März 1788
wieder eine Schwangerschaft vor. Ich war damals
mit ihren Künsten noch nicht so genau bekannt,
wie ich es in der Folge wurde, und veranlaßte,
daß die W. ins hiesige Hospital bis zu ihrer Besse=
rung aufgenommen wurde, wornächst sie denn ihre
übrige Strafzeit im Zuchthaus aushalten sollte.
Im Hospital zeigte es sich zwar bald ziemlich deut=
lich, daß die Epilepsie der W. zu Gebot stand,
wenn sie wollte; auch die Schwangerschaft rückte
nicht vorwerts, sondern blieb immer dieselbe; ich
hatte mir aber aus gewissen wahrscheinlichen Anzei=
gen die Idee abstrahirt, es möchte eine conceptio
extrauterina zugegen seyn, und wollte diese Person
nicht aus den Augen verlieren, um mich in der
Folge, oder nach ihrem etwa erfolgten Tode mehr
davon überzeugen zu können. Die W. blieb daher
ein Jahr im Hospital, entfloh aber unvermuthet im
März 1789.

Im October eben deſſelben Jahrs wurde ihr
Aufenthalt wieder entdeckt, und nun hatte ſie wirklich ein ſaugendes Kind von etwa 20 Wochen bey
ſich (*), um deſſen willen man abermals die Fort-
ſetzung ihrer Zuchthausſtrafe friſtete. Dieſer entzog
ſie ſich wieder im Junius 1790 durch die Flucht.

Und hier beginnt eine neue Periode der Lebens-
geſchichte unſerer Heldin. Von der Zeit ihrer Ent-
fernung an bis zum September ebendeſſelben Jahrs
hatte ſie ſich in Litthauen aufgehalten, von wo ſie
wieder wegen Betrügereyen als Arreſtantin hieher
gebracht wurde. Sie war nemlich einem Grenadier
eines hier garniſonirenden Regiments, welches um
dieſe Zeit ausgerückt war, gefolgt, und kam um
Johannis 1790 nach Lankutſchen, einem Litthauiſchen
Dorff, wo ſie ſich bey einem Wirth Paul Zoch des
Namens und ſeiner Frau dergeſtalt einzuſchmeicheln
gewußt, daß ſie ſelbige gegen Stricken und Nähen
zwey Monate unentgeldlich beherbergten. So lau-

A 3

(*) Ich vermuthe indeſſen, daß auch dies Betrug war,
durch welchen die W. ihre Habhaftwerbung hin-
tertrieb. Es konnte ihr leicht werden, einen
Unter-Polizeybedienten durch Anlegung eines
Kindes an die Bruſt ſo zu täuſchen, daß dieſer
glaubte, ſie ſauge es.

6

ten wenigſtens die Akten. Es läßt ſich aber aus
dem, was da vorfiel und aus dem überhaupt arbeit-
ſcheuen Charakter der W. ſchlieſſen, daß des Nä-
hens und Strickens in dieſer Zeit nicht viel gewor-
den ſeyn mag. Dagegen befliß ſie ſich deſto mehr
der edlen Schatzgräberey. Sie bildete nemlich dem
guten und leichtgläubigen Ehpaar ein, ſie habe in
ihrem Haus einen Schatz brennen geſehn; es ſey an
der Stelle, auf welcher dieß Haus ſtund, ein
Schloß verſunken; ſie, die W. ſey vermöge ihrer
Kränklichkeit und Nervenzuckungen dazu beſonders
auserſehn, die Zochſchen Eheleute glücklich zu
machen; die Engel und darunter beſonders einer
Eſaphel oder Iſaphel genannt, habe ihr das entdeckt; Beſonders habe der Himmel die Frau des
Zoch wegen ihres feſten Glaubens und frommen
Lebenswandels in Affection genommen und den
Schatz hauptſächlich ihr zugedacht. Die gewöhnlichen Stadtgräberkünſte wurden von der W. nicht
aus der Acht gelaſſen; ſelbſt religiöſe Ceremonien
mußten ihr dazu helfen, die armen Eheleute zu be-
thören. So ſang ſie z. B. oft mit ihnen das Lied:
Einen guten Kampf hab ich gekämpft,
und verfiel dabey in Nervenverzuckungen. Sehr
oft wiederholte ſie, ſie habe den Schatz brennen geſehen und einen Schlüſſel an die Stelle geworfen,
damit er nicht tiefer hinunter ſinke. Einen Abend

verkündigte sie den Z o ch schen Eheleuten, sie würden in der Nacht einen starken Schreck haben, und wirklich erschien sie in der Nacht vor ihnen im Hemd und in Schweiß gebadet und wieß ihnen e nen Beutel voll Zahlpfennize, die sie für Ducaten ausgab und auf Abschlag des Schatzes erhalten zu haben versicherte.

Unter diesen Vorspiegelungen hatte die W. von den Z o ch schen Eheleuten so viel an Geld und Geldes werth zu erpressen gewußt, daß die armen Betrogenen ihren Verlust auf mehr als 180 Rthlr. schätzten, als die Sache bey Gericht anhängig wurde.

Die W. wurde nemlich nach entdecktem Betrug wieder nach Königsberg transportirt, und zuerst an die Gouvernementsgerichte abgeliefert, indem sie vorgab, die Frau des Grenadiers zu seyn, dem sie nach Litthauen gefolgt war. Hier fieng sie wieder an, ihre epileptischen Künste zu spielen, wurde aber, weil es sich ergab, daß sie nicht die Frau des Grenadiers war, wieder an das Stadtgericht abgeliefert.

Die finstern Aussichten, die sich nun der W. darboten und vor denen sie erbebte, verleiteten sie

A 4

nun wieder zu einem neuen Verbrechen. In der
Bürgerwache, wo sie vorläufig bis zur weitern
Verfügung des Gerichts hingebracht ward, lag des
Nachts neben ihr auf der Pritsche ein ebenfalls ein=
gezogener Handwerksbursche, Namens Paprowski,
dem sie ohne alle Veranlassung mit einem Backstein,
dessen sie habhaft wurde, einige Kopfwunden verur=
sachte, welche jedoch nicht tödtlich ausfielen, son=
dern eine baldige Heilung zuließen. Die W. wurde
also jetzt wegen Schatzgräberey und wegen intendir=
tem Mord zugleich bey dem Stadtgericht in Unter=
suchung genommen.

Inzwischen hatte sie die Strafe der 2
Jahre im Zuchthaus nur erst bis auf 5 Monate
abgesessen, daher sie auf die noch übrige Straf=
zeit jetzt wärend der neuen gegen sie angestreng=
ten Untersuchung wieder dahin gebracht wurde.

. Im Zuchthause stellten sich ihre epilepti=
schen Zufälle wieder ein, und ohnerachtet es nun
notorisch war, daß sie wegen dieser verstellten
Zuckungen keine Schonung verdiente, so gelang
es ihr doch, sich mittelst derselben von der Ar=
beit zu befreyen und etwas gelinder als die übri=
gen Züchtlinge behandelt zu werden. Bey der
übergroßen Gelindigkeit sowohl in den Criminal=

Unterſuchungen als auch in der Behandlung der
Züchtlinge, welche bey uns eingeführt iſt, hat ein
verſtellter Fallſüchtiger eben die Vortheile, wie der
wirkliche Epilepticus; er ſtört und hemmt die In=
ſtruction des Proceſſes und erzwingt ſich eine ge=
lindere Behandlung. Harte Leibesſtrafen ſind nicht
üblich und man erlaubt ſich lieber zu viel Gelindig=
keit als allzu groſſe Strenge (ſ. Materialien
ſ. StAk ꝛc. 2tes St. S. 104 u. ſ. f.)

Während dieſer Zeit des Aufenthalts der W.
im Zuchthaus fiel mir die Bemerkung auf, der
ich in meinem Syſtem der gerichtl. Arzneyw.
(§. 369 Not. a.) erwähnt habe. Die W. fiel nun
wirklich öfter in epileptiſche Zuckungen, als in den
vorigen Zeiten und zwar mehrentheils ohne Noth
und ohne andere Veranlaſſungen als heftiges Aer=
gerniß: da ſie von dieſen wiederholten Zuckungen
keine beſondere Vortheile zu hoffen hatte, ſo habe
ich Grund zu glauben, durch die öftern willkührli=
chen Anſtrengungen der Nerven und Muskeln müſſe
eine Diſpoſition in dieſen Theilen entſtanden ſeyn,
auch unwillkührlich in Zuckungen zu gerathen.

Dem ſey indeſſen, wie ihm wolle, ſo vergaß
die W. dennoch nicht die Kunſt, die Epilepſie zu

A 5

Hülfe zu rufen, wann sie es für nöthig erachtete; wenigstens hat diese Krankheit, wie es in der Folge erhellen wird, ihren Seelenkräften nicht geschadet. Gegenwart des Geistes, List und Verschmitztheit haben sie bis auf diese Stunde noch nicht verlassen.

Hierdurch machte sie nun auch dem Inquirenten die Untersuchung über die vorhin erwähnte Schatzgräbergeschichte äusserst schwierig. Den Purschen Paprowski gestand sie gerade zu aus Verzweifelung über ihre Lage verwundet zu haben.

Der erste Betrug, den die W. wärend dieser Inquisition wieder versuchte, war, sich schwanger zu stellen. Dies veranlaßte einen Auftrag des Stadtgerichts an mich, das Vorgeben der Inquisitin, welche schon im sechsten Monate seyn wollte, zu untersuchen; woburch es sich aber ergab, daß sie zwar mit Ränken und bösen Anschlägen, aber nicht mit einem Kinde schwanger gieng.

Dieser Versuch, den Händen der Gerechtigkeit, wenigstens auf einige Zeit zu entgehen, schlug also fehl. Inzwischen gieng die Zeit der Zuchthausstrafe zu Ende und die W. konnte vorausfehen, daß eine andere noch härtere Strafe darauf erfolgen würde; dies war vermuthlich die Ursache, daß ihre kränkliche Umstände und epileptischen Bewegungen nun wieder häufiger eintraten. Sie bat flehentlich das Stadtgericht, Mitleid mit ihr zu haben, und ihr für ihre übrige Lebenszeit eine Stelle im Hospital auszuwirken. Hierüber verlangte das Stadtgericht mein Gutachten, welches dahin lautete: daß mir die W. ihrer öftern mit falschen Schwangerschaften und Epilepsie gespielten Betrügereyen wegen schon lange als ein weiblicher Chamäleon bekannt sey, der alle Gestalt annehmen könne. Bekanntlich sey sie schon einmal im Hospital gewesen, wo aber die Lebensart für ihr thätiges Temperament zu stille war, daher sie sich bald, jedoch nicht mit leeren Händen von dort entfernte. Es sey immer ihre Gewohnheit gewesen vor Gericht den lästigen Fragen des Inquirenten und im Zuchthaus der Arbeit durch zur rechten Zeit einfallende epileptische Zuckungen zu entgehen. Dies geschehe ausserdem so oft es ihr nicht nach ihrem Sinne gienge. Sie sey nach ihrem eigenen gegen mich geäusserten Geständniß sonst ganz gesund und könne zwar nicht spinnen, aber doch stricken. Diese Person sey daher nach meiner Meinung nicht so krank, daß sie in der milden Stiftung des Hospitals untergebracht zu werden verdiente.

Es erfolgte also die Sentenz, daß die W. der beyden erwähnten Verbrechen wegen zur vierjährigen Vestungsstrafe verurtheilt wurde.

Bey der Publication dieses Urtheils gerieth sie ausser aller Fassung. Es schien ihr äusserst hart, und sie wollte lieber sterben, als diese Strafe ausstehen, daher sie auch das Rechtsmittel der Appellation ergriff, aber nichts damit ausrichtete.

Nachdem die W. ihre Strafe angetreten hatte, so gieng ihr Dichten und Trachten dahin; wie sie sich wieder aus der Vestung retten könnte. Ihr erfinderischer Geist gab ihr den Gedanken ein, sich selbst einer verheimlichten Schwangerschaft und Niederkunft wegen aufs neue anzuklagen. Sie ersann eine Geschichte mit allen dahin gehörigen Umständen, in welche gerade diejenige Frau mit verflochten war, an welcher sie ihr Talent zu Betrügereyen zuerst ausgeübt hatte, und gab vor, diese Begebenheit habe sich in ihrem 15ten oder 16ten Jahre zugetragen. Ihre doppelte Absicht war, der Vestung zu entkommen und an ihrer ehemaligen Wohlthäterin Rache auszuüben. Das ganze Gespinste aber gieng in Trümmern, und die W. fand sich zuletzt gezwungen selbst zu gestehen, daß alles bloß Erdichtung sey.

Wir kommen nun näher zur Veranlassung
des letzten von der W. begangenen Verbrechens.
Immer auf Ausübung irgend eines Betrugs bedacht,
um sich bequemere Tage zu schaffen, hatte sie un=
kundige Leute mit kupfernen Zahlpfennigen, welche
sie für Goldstücke ausgab, betrogen, und Silber=
geld dafür eingewechselt. Als auch diese Schelme=
rey an den Tag kam, so fürchtete sie die Strenge
des Aufsehers der Gefangenen und ermordete das
dreymonatliche Kind einer Mitgefangenen durch
einen Schnitt in den Hals, welches auch 4 Stun=
den hernach starb.

Dieses bis jetzt letzte Verbrechen wurde dem
Criminalcollegio zur Untersuchung übertragen, wel=
ches sogleich die Obduction des ermordeten Kindes
veranstaltete. Das hierüber von mir ausgefertigte
Obductionsattest lautet, wie folgt:

Am heutigen Dato ist auf Veranlassung Es.
Königl. Hofhalsgerichts und Criminalcollegii, in
Gegenwart des Deputati desselben, die legale Ob=
duction des in einem Bestungsgefängniß von der
gefangenen W. tödtlich verwundeten und nach 4
Stunden verstorbenen Kindes einer Mitgefangenen
von Endesunterschriebenen in einem an die Sessions=

ftube des Criminalcollegii ſtoſſenden Nebenſtube
vorgenommen worden; davon folgendes die Re=
ſultate ſind:

1) Das Kind männlichen Geſchlechts, an=
geblich 3—4 Monate alt, ſchien der äuſſerlichen
Beſichtigung zufolge geſund und wohl genährt zu ſeyn.
Der Körper war bis auf die Verletzung am Hals
ohne Tadel.

2) Vorne am Hals fand ſich ein Querſchnitt
eines halben Fingers lang, wodurch zwar keine der
groſſen Blutgefäſſe des Halſes verletzt, die Luftröhre
aber gleich unter dem ringförmigen Knorpel ganz
durchſchnitten und die Speiſeröhre entblößt war.

3) Der innern Obduction zufolge waren alle
Eingeweide ganz ohne Tadel.

Der Tod des Kindes war alſo eine natürliche
Folge der Halswunde, welche wir bey einer erwach=
ſenen Perſon nur ein Vulnus per ſe lethale nennen
würden, die aber bey einem ſo zarten Kinde, bey
welchem die Schwierigkeiten der Behandlung unüber=
windlich geweſen wären, ein Vulnus abſolute lethale
genannt zu werden verdient.

M. & K.

Dieses kurzgefaßte Obductionsattest entsprach
den Vorschriften der neuern Verordnungen, nach
welchen der gerichtliche Arzt sich um keine vorherge=
gangene Umstände bekümmern, sondern sich bloß
auf die Beurtheilung des vor ihm liegenden corpo-
ris delicti einschränken soll. Ich hätte mich sonst
erkundigen müssen, ob kein Versuch, die Wunde zu
verbinden und dem verletzten Kinde zu Hülfe zu
kommen, angestellt wäre. Was übrigens nach der
Verwundung geschehen ist, davon wird das hier=
nächst nachfolgende Gutachten die nöthigen Nach=
richten enthalten.

Mit meinem Ausspruch werden übrigens ge=
wiß die meisten Aerzte einverstanden seyn.

Dem Herrn Defensor aber gefiel er nicht.
Er fand die Ausdrücke schwankend und trug darauf
an — hörts Zeiten, hörts! — der Herr
Defensor trug darauf an:

Ein Gutachten der medicinischen
Facultät, unter Zuziehung des Hrn.
Regiments=Chirurgus H. als eines
in der Wundkunde erfahrenen Mannes
über den Grad der Lethalität dieser
Wunde einzuziehen.!!

Das Criminal = Collegium nahm, wie natür=
lich, auf diesen Unsinn keine Rücksicht, sondern ich
erhielt von demselben bald nachher folgendes
Anschreiben.

UHGHrn. HRath ersuchen wir bey Zuferti=
gung sämmtlicher wider die bey Uns in Untersu=
chung stehende L. E. W. verhandelten Acten in 5
Voluminibus ganz ergebenst, auf den Grund der
von dem Defensor gemachten Anträge uns ein Gut=
achten darüber mit Zurücksendung der Akten gefäl=
ligst zukommen zu lassen,

1) Ob nicht, wenn früher dem verwundeten
Kinde Hülfe zu statten gekommen, solches beym
Leben hätte können erhalten werden?

2) Ob die epileptischen Zufälle der W. einen
solchen Eindruck auf die Seelenkräfte derselben
haben konnten, daß selbige darunter gelitten?
In den Akten ist keine Spur vorhanden, woraus
eine Zerrüttung des Verstandes der W. gefol=
gert werden könnte.

Königsberg, den 7. März 1795.

Man

Man sieht aus der zwenten Frage, daß der Defensor die angebliche Epilepsie für wahr ange= nommen hat; und wirklich, wäre sie das gewesen, so hätten die Gemüthskräfte der W. gewiß darunter leiden müssen. Ich erwiederte dieses Anschreiben durch folgendes Rückschreiben.

Das Anschreiben Es. Kön. Crimin. Collegii cum actis ctra Wiebemannin, enthaltend das An= suchen um ein Gutachten über zwey durch den De= fensor der W. veranlaßte Fragen habe ich richtig er= halten; wünschte aber aus verschiedenen Ursachen, besonders der ersten Frage wegen, welche den Grad der Tödtlichkeit der dem Kinde zugefügten Wunde betrift, welche ich weder für noch wider mich ent= scheidend beantworten kan, daß es Em. Hochverordn. Crim. Collegio gefällig seyn möchte, das erforderte Gutachten dem hiesigen Collegio Medico zu über= tragen, als warum ich E. Kön. Crim. Collegium hiermit ergebenst bitte x. x.   M.

Den 18. Mart. 1795.

Einige Tage nachher erhielt das Collegium Medicum ein Anschreiben mutatis mutandis eben

B

desselben Inhalts wie das vorstehende, in welchem über die vorgelegten zwey Fragen ein Gutachten verlangt wurde.

Ich suchte es bey dem Coll. Med. dahin einzuleiten, daß die Anfertigung dieses Gutachtens nicht mir, sondern einem andern Mitglied aufgetragen wurde. Hier folgt es.

2) Gutachten des Ostpreuß. Collegii Medici.

Von Einem Königl. Hochverordneten Ostpreuß. Hofhalsgericht und Criminalcollegio, sind wir in Sachen der Wiedemannin um ein medicinisches Gutachten requirirt, und zum Behuf desselben folgende 5 Vol. Actor.

1) Vol. Act. E. Stadtgerichts wegen Diebstals 1781.

2) Vol. Act. Criminal. gespielten Betrug betreffend 1787—88.

3) Vol. Act. E. Stadtgerichts, wegen der an Paprowski verübten Beschädigung und wegen

des gegen den Krüger Paul Zöch gespielten
Betrugs 1790—91.

4) Vol. Act. E. Stadtgerichts wider Wiedemann und Koslowski 1793—1794.

5) Vol. Act. E. Hofhalsgerichts und Criminal-
Collegii, Mord eines fremden Kindes betreffend 1795.

uns communicirt worden, aus welchen wir das
nöthige, und so viel zu unserer Beurtheilung gehört, ausgezogen haben.

Die unverehelichte Wiedemann, die wegen
verübter Betrügereyen im Zuchthaus saß, wegen
ihrer angeblichen Kränklichkeit und epileptischen
Zufälle nach dem Hospital gebracht wurde, woraus
sie entlief, nachhero ihre Betrügereyen an den Paul
Zöchschen Eheleute in Langkutschen durch Versprechen für sie einen verborgenen Schatz zu heben,
fortsetzte, nach ihrer Festnehmung dem Burschen
Paprowski in der Stadtwache eine Verletzung an
dem Kopf beybrachte, und deßhalb zur Vestung
verurtheilt wurde, spielte auch hier ihre Betrügerey
gegen ihre Mitgefangenen fort, denen sie Rechen-

B 2

pfennige als Goldstücke auswechselte und verkaufte. Diese Betrügerey wurde den 13ten Januar a. c. von der Mitgefangenen Koffienin angegeben, und Wiedemannin von dem Ballast=Inspector Czuczella durch den Stockmeister in Beyseyn der Gefangenen und der Koffienin gegen 1 Uhr Mittags visitirt, wo auch noch einige Rechenpfennige bey ihr gefunden wurden.

Da zwischen 3—4 Uhr Nachmittages die Gefangenen herausgelassen wurden, um mit Wasser sich zu versorgen, kehrte Wiedemannin bald zurück, und da sie in der Stube allein war, schnitt sie dem 4 monatlichen Kinde der Koffienin mit einem Messer in den Hals, sie selbst gab gleich die verübte That bey der Wache an; während der Zeit von dem Ballast=Inspector Czuczella, dem Wachtmeister und der Albertin ein Geröchel in der Stube wahrgenommen, und das verwundete Kind unter dem Bette der Koffienin gefunden wurde. Sogleich wurde nach dem Vestungs=Chirurgus Fischer, der auf dem untern Haberberge wohnt, geschickt, der auch bald um ¾tel auf fünf dazu kam. Nach seiner Aussage war die Verblutung gänzlich erfolgt, das aus der Wunde gelaufene Blut unter den Windeln geronnen. Das Kind röchelte. Zwey bis drey Ringe der Luftröhre waren zerschnitten. Er machte

einen Nothverband von trockner Charpie und einem
Heftpflaster, und verband solches mit einem Tuch
statt einer Binde. Das Kind zeigte aber gleich
Spuren des Todes, und starb um halb sieben
Uhr Abends, nach dem Chirurgus Fischer wegge=
gangen war.

Obducenten fanden der äuffern Besichtigung
zufolge, den Körper des Kindes bis auf die Ver=
letzung am Halse ohne Tadel, so waren auch eben=
falls die Eingeweide beschaffen.

Vorn am Hals fand sich ein Queerschnitt
eines halben Fingers lang, wodurch zwar keine der
grossen Halsgefässe, aber die Luftröhre bis an die
Speiseröhre durchschnitten war. Der Tod des
Kindes war also wie Obducenten sagen, eine natür=
liche Folge der Halswunde; diese würden sie bey
einer erwachsenen Person nur ein Vulnus per se
lethale nennen, die aber bey einem so zarten Kinde,
bey welchem die Schwierigkeit der Behandlung un=
überwindlich gewesen wäre, verdiene ein Vulnus
absolute lethale genannt zu werden. Defensor
aber glaubt annehmen zu können, daß der Tod des
Kindes keine absolute Folge von der zugefügten
Verletzung gewesen; indem sich eines Theils das

entkräften, und zu dem Tode deſſelben mitwirken
konnte.

Wir halten uns in Beſtimmung der Lethalität
bloß an die Verletzung der Luftröhre, die unter dem
Kehlkopf transverſal bis zur Speiſeröhre zerſchnit-
ten war. Eine ſolche Verletzung der Luftröhre nehmen die mehreſten gerichtliche Aerzte für abſolut
tödtlich an, theils wegen Verwundung der nahe
liegenden groſſen Gefäße, die größtentheils damit
complicirt iſt, theils weil die Heilung unmöglich iſt,
indem die Mußkeln die zertrennten Lefzen der Luftröhre von einander entfernen, und Erſtickung erfolgt. — Wenn indeſſen neuere Wundärzte einige
Erfahrungen anführen, da auch transverſelle Wunden der Luftröhre geheilt ſeyn ſolten, wie ein ge-
wiſſer Wundarzt Starck eine Thatſache in den
mediciniſchen Commentariis (Edinb. Med.
Comment. 4ter Theil) erzählt, deren Glaubwür-
digkeit wir nicht bezweifeln wollen, auch Schmucker in ſeinen verm. Chirurgiſchen Schriften B. III. einige Beobachtungen der Art an-
führt, ſo ſind wir gänzlich der Meynung der Obducenten, und billigen ſehr ihre Behutſamkeit, da ſie
eine transverſelle Verwundung der Luftröhre bis
auf die Speiſeröhre bey Erwachſenen wie für ein

schichtserzählung, daß da das Kind nicht eigentlich an der Verblutung gestorben, die Hülfsleistung nach ¾tel Stunden der Verblutung wegen noch zeitig genug kam.

Wir haben den Bestungs=Chirurgum Fischer noch besonders über die Art des Verbandes vernommen. Das Kind blutete nicht mehr aus der Wunde, das Blut war geronnen: über die Wunde legte er ein an Fäden befestigtes Bourdonnet, hierüber ein Plumaceau in der Art, daß selbige nicht in die Luftröhre fallen konnten, und bedeckte es mit einem Heftpflaster. — Wir wollen hier bemerken, daß die Kunst bey Behandlung der Queerwunden der Luftröbre die Heftung mit der blutigen Nath vorschlägt, oder wo dieses nicht statt findet, und die Heftung durch Husten wieder aufreißt, wenigstens einen Verband anräth, wodurch der Kopf des Verwundeten in einer vorwerts gebogenen Stellung gehalten wird, damit die Ränder der Wunde näher an einander gebracht werden. — Ob das Kind beym Leben erhalten hätte werden können, wenn der Verband in dieser Art geschehen wäre; das heißt: ob der Erstickung hätte vorgebeugt, und die Heilung der zerschnittenen Luftröhre erhalten werden können, ist uns wegen der angeführten Schwürigkeiten die sich der Heilung entgegen setzen, höchst unwahrscheinlich. Nach dem Urtheil aller Sachverständigen werden zwar Queerwunden der Luftröhre, wenn selbige nicht ganz durchschnitten ist, sondern an dem hintern Theil noch anhängt, zuweilen, wiewohl nicht ohne Schwürigkeit bey Erwachsenen geheilt. Die Möglichkeit der Heilung aber einer Queerwunde durch welche die Luftröhre bey einem zarten Kinde gänzlich durchschnitten worden, ist durch keinen Fall erweißlich.

Da das Heften der Wunde nicht geschehen, oder der Verband nicht in der Art angelegt worden, daß der Kopf in einer vorwerts gebogenen Stellung erhalten wurde, kann die Verletzung keinesweges zu einem Vulnus per accidens lethale, die nur durch Versäumniß oder Zufall tödtlich wird, heruntergesetzt werden.

Mit Recht, theilen gerichtliche Aerzte, die Wunden in Absicht der Tödtlichkeit ein:

in absolut lethale; welche auf keine Weise und durch keine Mittel und Kunst eine Heilung verstatten, wo Verletzung also die nächste einzige durch die Kunst nicht zu bezwingende Ursache

des Todes ist. An sich tödtliche
(per se lethale) die im Fall sie sich
selbst überlassen, an und für sich tödtlich
sind; Heilung aber durch zeitige und ge-
schickte Hülfe der Kunst möglich ist. Wo die
Verletzung also die nächste jedoch in
einigen Fällen abwendbare Ursache
des Todes ist, In zufällig tödt=
liche (per accidens lethale) wo
eine andere mitwürkende Ursache dazu kommt,
die Verletzung also nicht die nächste und
einzige, sondern nur die entfernte
mitwirkende Ursache des Todes war.

Nach dieser angegebenen Eintheilung der
tödtlichen Wunden, die allgemein angenommen ist,
wird es von selbst einleuchtend seyn, zu welcher
Classe die gänzliche Trennung der Luftröhre, und
die dem Kinde der Kassienin durch die Wiedemannin
zugefügte Verletzung hingehöre.

Angenommen, daß bey dem Verbande nicht
das geschah, was die Kunst zur Heilung vorschlägt,
so gehörte die Wunde zu der 2ten Classe, nach welcher sie als eine sich selbst überlassene Wunde die an
und für sich tödtlich ist, anzusehen ist; wo wegen
Zurückziehung der getrennten Theile der Luft=

röhre durch Zusammenziehung eine Erstickung erfolgte.

Wenn es aber, wie es höchstwahrscheinlich ist, der Kunst nicht möglich war, die Erstickung zu ver=hindern, noch wegen der Schwierigkeit bey der Behandlung die Heilung zu befördern, so wird sie zu der ersten Classe gehören, und als absolut lethal anzunehmen seyn. Die dem Kinde zugefügte Ver=letzung war die nächste, einzige und wahrscheinlich durch die Kunst nicht zu bezwingende Ursache des Todes; und der Tod des Kindes also eine nothwen=dige Folge, der von der Wiedemannin demselben beygebrachte Verletzung.

Die Zweyte Frage Eines Königl. Hof=Hals=Gerichts und Criminal=Collegii betrift:

„ob die epileptischen Zufälle der Wiedemannin
„einen solchen Einfluß auf die Seelenkräfte
„derselben haben können, daß diese darunter
„gelitten?

Um diese Frage gehörig zu beantworten, haben wir Acta mit aller Aufmerksamkeit durchge=lesen. Die epileptischen Zufälle der Wiedemannin werden in denselben als notorisch angenommen.

Sie beruft sich an mehr als einem Ort, daß sie eine
kränkliche mit der fallenden Sucht behaftete Person
sey; giebt ausserdem einen Schaden im Kreuß an,
der ihr das Spinnen unmöglich mache; giebt als
ihr Unglück an, daß sie oft einen Anfall vom Höch=
sten habe, welches ihr gehindert habe, in Dienst zu
gehen; giebt ihren kränklichen Körper und die öftere
epileptische Zufälle, als mitwürkende Ursache an,
die bey ihrer Lage in der Vestung ihr das Leben ver=
bittert, und sie zum Mord gereißt haben.

Auch wurde auf ihre Kränklichkeit und
epileptische Zufälle vielfältig Rücksicht genommen.
Aus dem Zuchthaus, zu welchem sie auf 2 Jahr
wegen Betrügerey im Jahr 1788 verurtheilt war,
wurde sie wegen der Epilepsie nach dem grossen
Hospital zur Cur und Pflege gebracht, woraus sie
nachhero weglief. Da sie im Jahr 1791 dem
Zuchthaus wieder eingeliefert wurde, konnte sie zu
keiner Arbeit der fallenden Sucht wegen angehalten
werden, und fiel dem Zuchthause zur Last. In
der Vestung wurde ihr wegen ihrer Kränklichkeit,
und wegen epileptischer Zufälle zugestanden, daß
sie nur das halbe Gesetz arbeiten durfte; das Spin=
nen aber erlassen.

Ihre epileptischen Zufälle geschahen häufig in
Gegenwart vieler Personen, bey Verhören an der

Gerichtsſtätte, wodurch Unterſuchungen verzögert, und aufgehalten wurden; ſie ſind von vielen Augen=
zeugen bekräftiget und atteſtiret. Von dem Zucht=
meiſter Schmidt, daß Wiedemannin des Tages
mehrmals von der Epilepſie befallen werde; von
dem Zuchthaus=Inſpector Oltersdorff, daß ſie
täglich wohl 20 mal die Epilepſie bekäme, und
zwar jedesmal wenn ſie eine Gemüthsveränderung
erlitte, ſo daß ſie auch zu keiner Arbeit zu brauchen
ſey. In der Veſtung ſtand ihr Koffienin, deren
Kind ſie durch einen Halsſchnitt mordete, und eine
andere Mitgefangene, in ihren epileptiſchen Zufäl=
len, die ſie oft bekam, bey. Für dieſe Hülfslei=
ſtung gab ſie ihnen einen Rechenpfennig, als Gold=
ſtück zur Belohnung. Wachtmeiſter Dempfe bezei=
get, daß Wiedemannin den Tag vor der Mordthat
an der Epilepſie darnieder gelegen.

Auffallend iſt es, daß Wiedemannin ihre
epileptiſche Zufälle nie in Beyſein einer Medicinal=
Perſon bekommen (*). Veſtungs=Chirurgus Fiſcher

_____

(*) In den Akten iſt zwar keine Bemerkung dieſer Art
enthalten. Ich erinnere mich indeſſen, daß die
W. als ſie aus Litthauen zurück auf die Haupt=
wache gebracht worden war, auch ein= oder das
andere mal im Zuchthaus den Anfall in meinem
Beyſeyn bekam. Sie drückte die Augen zu,

den wir ausdrücklich darüber vernommen, hat sie
nie in einem epileptischen Anfall gefunden, ob er
gleich häufig die Vestungsgefangene zuweilen des
Tages auch 2 mal besucht. Merkwürdig war uns
die Anzeige des Gouvernements-Gerichts, daß
Wiedemannin gleich nach ihrer Arretirung sich
schwanger anstellte, und häufig mit der Epilepsie
befallen wurde, daß aber sowohl die Schwangerschaft als ihre Epilepsie nach der Meynung der
Doctoren Metzger und Cruse Verstellung sey. Wir
halten es dahero für Pflicht, so viel Data zu sam-
meln als Acta hergeben, um mit Gewißheit bestimmen zu können, ob Wiedemannin wirklich die Epilepsie habe, oder diese ihre Krankheit Verstellung
sey. Wir haben dahero die Angabe der epileptischen
Zufälle zur Uebersicht ex Actis ausgehoben, und
sie nach der Zeitordnung gestellt.

In der Geschichtserzählung ihrer Jugend bis
zu ihrer Dienstzeit, erwähnt Wiedemannin keines Anfalls der Epilepsie. In ihrem Dienst aber bey Fleischer-
meister Höncke, wäre sie wegen epileptischer Zufälle
aus dem Dienst gekommen. Das ertheilte Attest

und wenn man die Augenlieder öfnen wollte,
so fand man sie fest verschlossen:

M.

des Hbhnke erwähnt diesen Umstand nicht. —
Bey der Fleischerwittwe Skrotzky hätte sie ebenfalls
den Dienst ihrer schweren Krankheit wegen, verlassen.

Ministerialis Schwarz giebt nach Aussage der
Skrotzky, die nicht schreiben kann, an: daß Wie=
demannin wegen ihrer schweren Krankheit des Dien=
stes entlassen worden. Während der Zeit, da sie
bey der Koslowski 23 Wochen im Jahr 1786 ihre
Betrügerey ausübte; ist in den Acten keine Angabe
von Epilepsie; als aber ihre Betrügerey auskam,
ging sie mit dem Burschen Brooze davon; und
wurde unter epileptischen Zufällen Abends in einem
Schlitten zu der Broozin, Mutter des Burschen
hingebracht. Hier verblieb sie 16 Wochen im Jahr
1787, in welcher Zeit sie den Curator Linck an=
führte; bis dieser die Betrügerey merkte, die Klei=
dungsstücke seiner Frau zurückforderte, und deshalb
früh eines Morgens zu ihr kam. Er fand sie im
tiefen Schlaf, aus welchem sie durch Schütteln
nicht aufzuwecken war, nicht einmal durch einen
Stüppel Wasser, den er ihr über den Kopf goß,
nachdem sie aber erwachte und den Linck wahrnahm,
wurde sie 3 mal nacheinander mit der Epilepsie be=
fallen; da Linck aber die Kleidungsstücke seiner
Frauen in Sicherheit bringen wollte; rief sie mitten
im Unglück: er möchte ihr nur die Kleider lassen.

Auf

Auf Angabe des Linck wurde Wiedemannin zur Unter=
suchung gezogen. Gleich zu Anfang des Verhb:s,
nachdem sie ausgesagt: ich heiße Charlotta Wiede=
mann, fällt sie zur Erde nieder, und kämpft mit
der fallenden Sucht. Wegen der Krätze wurde sie
des Arrestes erlassen, und auf Eid sich nicht zu ent=
fernen, ihrer Mutter übergeben. Da sie hierauf
von ihrer Mutter weglief, ihr Aufenthalt entdeckt,
der Arrest ihr angekündigt wird, und sie über die
Ursache der Entweichung vernommen werden soll,
bricht sie ein lautes Lamento aus, und verfällt
einmal über das andere in die Epilepsie. Wiedemän=
nin wurde nun zur zweyjährigen Zuchthaußstrafe ver=
urtheilt. Nachdem sie auf Eröfnung des Erkennt=
nisses das Remedium ulterioris defensionis ergriffen,
weil sie wegen ihres äußerst kränklichen Körpers
nicht im Zuchthause bleiben könne; vielmehr
bitten müsse, nach dem Hospital gebracht zu wer=
den, wird dem Königl. Hofhalsgericht und Crimi=
nal = Collegio angezeigt, daß sie im Zuchthause bey
einem auf der Treppe im Heruntergehen sie be=
troffenen epileptischen Zufall heruntergeschlagen,
und sich ihren ohnehin schwachen Körper gänzlich
erschüttert habe, so daß sie sich nicht von der Stelle
rühren könne. Von dem Zuchtmeister Schmidt
wird dem Defensor bey dem Colloquio zu bemerken

gegeben, daß Inculpatin zu aller Arbeit untauglich
sey, und des Tages mehrmalen mit der Epilepsie
befallen werde. — Wegen der Epilepsie und an=
dern kränklichen Zufällen, ward sie im März 1788
ins Königliche grosse Hospital zur Pflege gebracht;
in welchem ihre epileptische Zufälle etwas nach=
liessen; aus welchem sie aber nach einiger Zeit ent=
floh; sie wurde wieder bey dem Butterträger Brooze
im October 1789 entdeckt, konnte aber wegen eines
säugenden Kindes zur Ausstehung der Zuchthaus=
strafe nicht arretirt werden; einige Zeit darauf ent=
fernte sie sich aus der Stadt, ging nach Litthauen,
wo sie 1790 die Paul Zochschen Eheleute in Langkut=
schen mit dem Versprechen einen verborgenen Schatz
für sie zu haben bethörte, und selbige um eine be=
trächtliche Summe Geldes und Sachen brachte.

Während dem Aufenthalt von 2 Monaten er=
wähnen die Paul Zochschen Eheleute in ihren Aus=
sagen nichts von den epileptischen Zufällen. Sie
gab vor wegen ihrer körperlichen Beschaffenheit, da
sie mit feinen Knochen, und mit einigen Pockennar=
ben geboren sey, von dem Engel Jsaphel erwählt
zu seyn, die Leute zu beglücken. Sie sagte einen
Abend voraus, daß sie in der Nacht einen grossen
Schrecken oder Kampf haben würde, machte in
der Nacht ein Lärmen in der Cammer, kam aus der=

selben im Hembe und naß, und brachte einen Beutel mit Rechenpfennigen, welche sie für Goldstücke
ausgab. Dieser groben Betrügerey wegen, wurde
sie arretirt, gab sich für eine Soldatenfrau aus, ver-
schleppte die Untersuchung bey dem Gouvernements-
Gericht, indem sie sich schwanger anstellte, und
häufig mit der Epilepsie befallen wurde: nach der
Meynung aber der Doct. Metzger und Cruse sey
ihre Schwangerschaft Verstellung. Da Zeugen auf-
traten, daß sie keine Soldatenfrau sey und Wiedemannin der Stadtwache überliefert wurde, verletzte
sie in derselben den Burschen Paprowski mit einem
Ziegel am Kopf, blieb dabey daß sie eine Soldatenfrau sey, und fürs Militair-Gericht gehöre, welches weiterhin als unwahr befunden wurde. Da
sie wegen der den Paul Zochschen Eheleuten gespielten Betrügerey, auch wegen der Verletzung des
Paprowski vernommen ward, wurde sie von der
Epilepsie befallen; nachdem sich die Zufälle legten,
wollte Inquirent die fernere Vernehmung aussetzen,
und Inculpatin nach dem Gefängniß zurückschicken;
sie bat indessen das Verhör fortzusetzen, und wandte
mit vieler List und Verschmitzheit in ihrer Aussage
die Veranlassung zu der Betrügerey mit dem verborgenen Schatz auf den Paul Zoch selbst.

Weiterhin da sie im 6ten Monat schwanger
zu seyn angab, und um Erhöhung der Aetzungsko=
sten anhielt, weil sie durch Spinnen ihren Unterhalt
nicht erwerben könne, 2 gr. aber für sie und ihre
Frucht zu wenig sey, wurde sie in der Gerichtsstube
mit dem Höchsten befallen.

Ihre Schwangerschaft wurde unrichtig befun=
den, und Wiedemannin auf Antrag E. Königl. Hof=
Halsgerichts= und Criminal=Collegii zur Ausste=
hung der Zuchthausstrafe, nach dem Zuchthaus im
Junii 1791 abgeliefert. Hier bekam sie die Epilepsie
wohl 20 mal täglich und zwar jedesmal als sie eine
Gemüthsveränderung erlitte, konnte zu keiner Ar=
beit gebraucht werden, konnte zur Fortsetzung der
Untersuchung nicht vor das Stadtgericht sistirt wer=
den, indem sie bey der geringsten Bewegung das
Unglück bekäme. Inquirent des Stadtgerichts ver=
fügte sich nach dem Zuchthaus, wo die Wiedemannin
in der Stube des Zuchthausinspector Oltersdorff vor
ihm krank erschien, daß ihr gleich ein Glaß Wasser
gereicht werden mußte.

Wiedemannin wurde auf Requisition: ob sie
incurabel und unfähig sey Zuchthausstrafe auszuste=
hen von dem Stadtphysico Hofrath Metzger im Jahr
1792 untersucht. Dieser nennt sie einen ausgelern=

ten weiblichen Chamäleon, der alle Gestalten annehmen könne. Er habe sie vor 2 Jahren unter den
Händen des Militairgerichts gefunden, wo sie durch
epileptische Zufälle den lästigen Fragen des Inquirenten, so wie auch in der Folge im Zuchthaus, der
aufgelegten Arbeit auszuweichen wußte. Sie werde
von der Epilepsie befallen so oft sie sich boßt oder
kränkt, beydes aber geschähe, so oft es nicht nach
ihrem Sinn gehe. Im Gefängniß habe sie am
Tage des Besuchs in 14 Tagen das Höchste nicht
gehabt.

In dem weitern Verhör äussert Wiedemannin,
daß sie vor dem Hospital jetzt einen Abscheu habe,
weil sie nicht gerne haben möchte, daß ihr Körper
nach dem Tode von den Aerzten zerstückt werde; sie
bäte vielmehr, daß man ihr eine beständige Schlaf-
stelle im blauen Thurm gönne, und im Tage erlaube auszugehen, um bey denen wo sie gedienet,
Arbeit zu suchen. Wiedemannin wurde zur 4jähri-
gen Vestungsstrafe verurtheilt; ehe sie die Strafe
antrat, bat sie in dem Anschreiben an den Comman-
danten zu bemerken, daß sie eine mit der Epilepsie
behaftete Person sey, die nicht füglich spinnen könne.

C 3

. In der Veſtung im Jahr 1793 erdichtete ſie
die Geſchichte eines frühern Kindermordes, aus dem
Grunde, um aus der Veſtung zu kommen und nicht
ſpinnen zu dürfen, welches ſie nach ihrer Veſchwerde
wegen ihrer kränklichen Beſchaffenheit des Körpers
gar nicht leiſten könne.

Veſtungs = Chirurgus Fiſcher hat nach ſeiner
Ausſage gehört, daß Wiedemannin in der Veſtung
zu weilen die Epilepſie gehabt habe; er habe ſie
niemalen im Anfall geſehen, ſondern wenn er dazu
gekommen, ſey der Anfall vorüber, der Wiedeman=
nin aber nach dem Anfall gar nichts anzuſehen ge=
weſen. In der Veſtung ſpielte ſie den Betrug mit
Zählpfennigen an ihren Mitgefangenen. Der Zucht=
Haus = Inſpector Czuczella war auf der Spur dieſer
Betrügerey; die andern Gefangenen wollten aber
die Wiedemannin nicht angeben.

Den Tag vor der Mordthat, den 12ten Ja=
nuar 1795, war ſie den ganzen Tag zu Bette, und
ſoll die Epilepſie gehabt haben. Dienſtag Nachmit=
tage den 13ten eju. d. nachdem ſie viſitirt, und die
Zählpfennige bey ihr gefunden wurden, ſchnitt ſie
dem Kinde der Koſſienin den Hals ab.

Aus der Ueberſicht dieſer Thatſachen ſpringt
es zu ſtark in die Augen, daß der Wiedemannin

die Epileptiſchen Zufälle ſehr zu Gebot ſtanden. Die
Frequenz der Anfälle macht die Krankheit ſchon an
ſich verdächtig, ohne zu erwähnen, daß ſie einige
Zeit täglich wohl einige mal die Epilepſie h tte, zu
zu andern Zeiten davon gänzlich verſchont blieb,
noch mehr Verdacht aber erregt der Umſtand, daß
die epileptiſchen Zufälle ihr immer zu einer gelegenen
Zeit kamen, wenn ſie der Unterſuchung entgehen,
ſelbige verzögern, Mitleid erregen, Milderung
der Strafen erwecken, ſich der Arbeit, beſonders
des ihr läſtigen Spinnens entziehen, oder den Ort
des Aufenthalts und des Gefängniſſes verändern
wollte. Dieſer Verdacht wegen Verſtellung wird
dadurch noch mehr beſtätigt, daß die Aerzte Hof=
rath Doctor Metzger und Doctor Cruſe, die epilepti=
ſchen Zufälle, in welchen ſie die Wiedemannin ſahen,
für eine verſtellte Krankheit erklärten. Die Sache
bekommt einen hohen Grad der Gewißheit, daß
auſſer den äuſſern convulſiviſchen Zuckungen, welche
verſchmitzte Betrüger ſehr gut, bis auf den Schaum
für dem Munde nachzuahmen wiſſen, doch einige
der Charakteriſtiſchen Kennzeichen der Epilepſie
nicht vorhanden waren. Nach überſtandener
Epilepſie war nach Ausſage des Veſtungs=Chirurgi
Fiſcher, der Wiedemannin nichts anzuſetzen; nach=
dem die epileptiſchen Anfälle ſich legten, war ſie im

C 4

Stande das Verhör bey dem Stadtgericht auszu=
halten; sie bat selbst es fortzusetzen, und zeigte
durch die verschmitzte und listige Wendung, die sie
der Sache mit dem Paul Zoch gab, alle Gegenwart
des Geistes; sie konnte sogar mitten im Anfall der
Epilepsie reden, und dem Linck zurufen, er möchte
ihr die Kleidungsstücke seiner Frau lassen.

Personen, die mit der wirklichen Epilepsie be=
haftet sind, haben im Anfall kein Bewußtseyn,
können nicht im Anfall reden, sehen und hören
nichts; nach überstandenem Anfall verfallen sie in
Mattigkeit oder Schlaf, und eine eigene entstellte
zerstörte Physiognomie bleibt nach dem Anfall zu=
rück. Wir können aus diesen Umständen, mit
Ueberzeugung behaupten, daß die epileptischen Zu=
fälle der Wiedemannin nicht eine wirkliche Epilepsie,
sondern eine mit vieler Kunst nachgeahmte verstellte
Krankheit gewesen, obgleich zur Ueberführung und
zur physischen Gewißheit noch die Proben fehlen,
und nicht angestellt worden, wodurch die nachge=
machte und verstellte von der wahren Epilepsie
entdeckt werden kann.

Auch der Umstand, da Wiedemannin im
Zuchthause im epileptischen Anfall von der Treppe
herunter fiel, möchten wir nicht ausnehmen.

Verschmitzte Personeu wissen beym Niederfallen sich zu schonen. Daß Wiedemannin von dem Fall wirklich Beschädigung erlitten, ist durch keine Besichtigung, oder nothwendig erfolgte medicinische chirurgische Behandlung dargethan.

Die Frage also: ob die Seelenkräfte der Wiedemannin durch die epileptische Zufälle gelitten; wäre hiedurch gelöset.

Wir wollen indessen bemerken, daß nach so vielen und wiederholten Anstrengungen der Nerven, als ein künstlicher epileptischer Anfall erfordert, das Nervensystem endlich eine Geneigtheit erhält; den Anfall unwillkührlich zu wiederholen, so, daß verstellte Epilepsie, wenn sie lange und oft wiederholt worden, endlich in die wahre übergehen könne. Wir haben aber in den Acten keinen Umstand gefunden, der uns veranlassen könnte zu glauben, daß dieses bey der Wiedemannin geschehen (*).

§. 5

(*) Die Gründe, welche es mir glaubwürdig machten, daß die W. nach so vielen Anstrengungen zur verstellten Epilepsie, zuletzt auch bisweilen unwillkührliche Anfälle bekommen habe, sind oben in der Geschichts-Erzählung angeführt.

M.

Paul Zoch selbst fallen sollte. Er hätte zuerst des verborgenen Schatzes erwähnt; er würde sie glücklich machen, wenn sie angeben könne, wie er zu heben sey; sie hätte ihm diese Einbildung 3 mal ausreden wollen, da er aber dabey blieb, wäre sie auf den Gedanken gekommen, von der Narrheit des Zochs etwas zu gewinnen.

Aus ihrer naiven Bitte um ein Schlafplätzchen im blauen Thurm, und um Erlaubniß im Tage auszugehen, um Arbeit zu holen, und Mitleid sich zu verschaffen, leuchtet wohl mehr ein entfernter Plan zu neuen Betrügereyen, als Schwäche des Geistes hervor. Nach den vielen epileptischen Zufällen, die sie im Zuchthause erlitten, ersann sie in der Vestung mit vielen Umständen, die Geschichte eines frühern Kindermordes, welcher nach einer Untersuchung unwahr befunden wurde. Mit der ihr gewöhnlichen List und Verschlagenheit übte sie in der Vestung an ihren Mitgefangenen die Betrügerey mit den Zahlpfennigen für Goldstücke. Ihre sämtliche Mitgefangene, und namentlich Kossienin und Albrechtin, wie auch Wachtmeister Dempke und Stockmeister Eichmann, haben in dieser Zeit bis an dem letzten Tage keine Veränderung an der Wiedemannin, kein verzweiflungsvolles Betragen, oder geäusserten Lebens = Ueberdruß bemerket. Ihr

Benehmen bey der Visitation des Ballast-Inspectores Czuczella zeigte, daß Gegenwart des Geistes sie nicht verließ. Sie lag im Bette der Kossienin; als ihr die Visitation angekündigt wurde, sprang sie aus dem Bette auf, sagte man möchte nur da visitiren. Der Stockmeister begnügte sich damit nicht; sondern visitirte sie selbst, und fand bey ihr Zahlpfennige. Bis zu dieser Zeit der Visitation, etwa 2 Stunden vor der Mordthat, ist in den Actis keine Spur von Gedankenlosigkeit, von Schwäche des Geistes oder von Verwirrung des Verstandes. Auch nach der Zeit der Mordthat ist in ihren Aussagen keine Schwäche der Geisteskräfte zu bemerken. Sie kann sich nicht auf alle vorhergegangene Betrügereyen besinnen, beruft sich darauf, daß alles ex Actis bekannt sey; erzählt aber die Geschichte ihrer ersten Schwangerschaft von einem vornehmen Herrn aus Berlin, die einer Erdichtung ganz ähnlich sieht.

Mit vieler List und Beharrlichkeit, weiß sie den zufälligen Umstand, daß der Ballast-Inspector sie bey der Visitation eine Schatzgräberin genannt, zu nutzen, um eines Theils die Veranlassung zum Morde auf den Inspector zu schieben, der sie gereizt und empfindlich gekränkt habe. Ob nun in dieser Zeit von 2 Stunden, von der Visitation bis zur Mordthat, die Furcht vor Strafe wegen neu ver-

übter Betrügerey das Nachdenken über ihre Krank=
heit, der Unmuth über ihre Lage in der Vestung,
die Abneigung gegen die Arbeit welche sie scheute,
der Aerger über die in Gegenwart der Mitgefange=
nen geschehene Visitation, der Vorwurf des In=
spectors Czuczella, sie in solche Angst und Erbitte=
rung über ihr Schicksal versetzt habe, daß ihr der
Gedanke aufstieg, durch e ne Mordthat sich aus die=
ser Lage zu setzen; darüber erklärt sie sich deutlich. —
„Es war mein eigner freywilliger Entschluß; ich
„hatte den Montag vorher den ganzen Tag fast,
„die fallende Sucht gehabt, und blieb deshalb den
„Dienstag bis halb 3 Uhr Nachmittag im Bette.
„Ich sann so mein Schicksal und meine Lage nach,
„und da ich dieser satt war, und es nicht länger er=
„tragen zu können glaubte, so faßte ich Mittags
„den Entschluß, mich durch eine Mordthat aus der
„Welt zu schaffen, und wählte dazu das Kind der
„Kossienin.“ Und an einem andern Ort: „weil
„ich mein Schicksal mildern wollte, und mein Leben
„satt war, faßte ich Dienstags um 12 Uhr den Ge=
„danken, mich durch Umbringung dieses unschuldi=
„gen Kindes aus der Welt zu schaffen, und meinen
„Leiden ein Ende zu machen. An mir selbst wollte
„ich nicht einen Mord begehen, weil ich glaubte
„doch noch Gott meine Sünden abbitten zu können;
„so aber gleich in die Hände des Satans zu kommen.“

Weiterhin in der Special-Inquisition läßt sie sich dahin aus: „daß sie Dienstag sich habe in den Ve-„stungsgraben stürzen wollen, wegen Gegenwart „der Schildwache aber auf dem Wall, der sie da-„von hätte abhalten können, ihr Vorhaben aufge-„geben ha.e."

Wir bemerken nur, daß die letzte Angabe mit einer frühern Aussage nicht übereinstimmt. Da sie wußte, daß die gefangenen Frauensleute noch ein-mal herausgelassen würden, und sie entschlossen war, alsdenn die That auszuführen, so kehrte sie nach-dem sie den Stüppel ausgegossen, in die Stube zu-rück, und da sie allein war, führte sie ihre That aus. Den Umstand mit dem Ausgießen des Stüp-pels, da die Gefangenen Nachmittags gegen 4 Uhr herausgelassen wurden, sagt auch Kossienin aus, mit dem Bemerken, daß Wiedemannin zu ihr und andern Mitgefangenen geäussert habe, sie wolle zu Wulffs Christine, eines Canoniers Tochter in der Vestung gehen; offenbar also, daß sie bey dem Aus-gießen des Stüppels unter diesem Vorwand zurück blieb, mit den übrigen Gefangenen nicht nach dem Vestungsgraben mitgieng, sondern wie ihre erste Aussage besagt, nach der Stube zurückkehrte um die That auszuführen.

In diesem Zeitpunkt war ihr Urtheilsvermö-gen keinesweges zerrüttet. Sie hatte den Vorsatz einen Mord zu begehen, der sie aus der Vestung bringen würde. Sie ging da die Gefangenen herausgelassen wurden mit den übrigen heraus, kehrte bald zur Stube zurück, und da sie sich allein befand, übte sie die Mordthat aus; sie gab sich gleich bey der Wache als Mörderin an. In diesem ganzen Vorgange ist keine Verwirrung des Verstandes, keine Schwäche der Beurtheilung, wohl aber überlegter Plan, durch eine Mordthat sich aus der Vestung zu verhelfen.

Wir glauben nun den Fragen hinlänglich genüget und dargethan zu haben:

1) Daß wenn auch früher dem Kinde der Kossienin Hülfe zu statten gekommen, solches auch bey der zweckmäßigsten und besten Behandlung höchst wahrscheinlich nicht hätte beym Leben erhalten werden können.

2) Daß die epileptischen Zufälle der Wiedemannin, keinen solchen Einfluß auf die Seelenkräfte derselben gehabt haben, daß diese darunter gelitten hätten.

Wir bekräftigen dieses unser Gutachten durch Namens = Unterschrift. Königsberg, den 23sten April 1795.

Eines Königl. Ostpreuß. Collegii Medici
Membra Medica.
M.   E.

Die Wiedemannin wurde nach hinlänglich
inſtruirtem Proceß, zur lebenswierigen Feſtungs=
ſtrafe in ſehr engem Gewahrſam, und zu einer
jedesmal am 13ten Jan. als am Tage des ver=
übten Mordes zu wiederholenden jährlichen öffent=
lichen Züchtigung verurtheilt.

Sie ergrif zwar abermals das Rechtsmit=
tel der weitern Defenſion, aber vergebens.

———

Gott gebe, daß dieſe in Miſſethaten ſo ge=
übte Heldin nicht noch einmal Gelegenheit finde,
Unglück zu ſtiften.

M.

II.

II.

Angebliche Epilepsie (*).

1. Anschreiben des Criminal-Collegii an das Stadt-Physicat.

Die Königl. Regierung hat uns aufgetragen mit Zuziehung UNHErrn Hofraths auszumitteln, ob die jetzt im Zuchthaus befindliche verehel. Schlichtin würklich mit der Epilepsie behaftet, und ob und in wie weit in Rücksicht ihrer daher rührenden kränklichen körperlichen Beschaffenheit der in erster Instanz gegen sie erkannte derbe Willkomm und

D

(*) Dieser Fall ist von minderer Erheblichkeit als der vorige; das Subject aber, wovon hier die Rede ist, von gleichem Schroot und Korn wie die Wiedemannin, folglich ein würdiges Gegenstück, oder wann man will, Hängestück (pendant) zum vorigen.

Abſchied ihrer Geſundheit ſchädlich werden
könne.

Wir haben hiezu vorläufig Terminum
auf den 15ten hujus V. M. um 10 Uhr an=
geſetzt, und geſinnen dahero an UHHErrn
Hofrath, daferne dieſer Termin Denenſelben
conveniren ſollte, Sich dieſer Ausmittelung
beſtimmten Tages auf dem Criminal = Colle=
gio mit dem Inquirenten Criminalrath Schar=
tow zu unterziehen, demnächſt das Viſum
Repertum und Gutachten uns gefälligſt zu=
kommen zu laſſen.

Königsberg, den 11ten Febr. 1797.

Sr. Königl. Majeſtät von
Preuſſen ꝛc. ꝛc. ꝛc. zu Dero
Oſtpreuß. Hof = Halsgericht
und Criminal = Collegio ver=
ordn. te Hof = Hals = Richter
Director und Räthe.

2. Gutachten.

Bey der den 15ten c. auf der Seſſionsſtube Sr.
Königl. Criminal=Collegii veranſtalteten Unterſu=
chung der Geſundheitsumſtände der Schlichtin ſollte
ausgemittelt werden: ob dieſe Perſon wirklich mit
der Epilepſie behaftet und in wie fern der ihr zuerkann=
te derbe Willkomm und Abſchied im Zuchthaus ihrer
Geſundheit nachtheilig werden könne.

Die hierüber ſelbſt befragte Schlichtin behaup=
tet, vor etwa 8 Jahren vor Schreck mit der Epi=
lepſie befallen worden zu ſeyn, als ſie auf der
Straſſe nach Friedland in einem Dorf von einem
groſſen Hund angefallen wurde. Seit dieſer Zeit
ſey ihr die Krankheit öfters, ſowohl wärend ihrem
erſten Aufenthalt im Zuchthaus als auch im Gefäng=
nis angewandelt. Sie fühle erſt ſtarke Beklem=
mung in der Herzgrube, falle hernach in Ohnmacht
und völlige Betäubung, wiſſe von ſich ſelbſt nicht,
und ſey nach dem Zufall ſehr matt.

Ein Augenzeuge, der Schloßfrohndiener Göbel
bezeugt, die S. habe einmal im verfloßnen Monat

D 2

November bey ihm im Gefängnis das Höchste bekommen, der Anfall habe nah an die zwey Stunden gedauert und sey sehr heftig gewesen. Die Augen waren bey der S. ganz geschlossen.

Auf die Frage: ob Aergerniß die Veranlassung
des Anfalls zu seyn pflege? sagte die S. Nein! er
komme unvermuthet ohne in die Augen fallende
Ursachen.

Da ich die Schlichtin nie in ihrem Anfall
beobachtet habe, so bin ich von der Wirklichkeit des
Daseyns ihrer Krankheit nicht überzeugt Ich zweifle
vielmehr, ob die S. wirklich epileptisch ist. Meine
Gründe sind folgende:

1) Die Aussage der Schlichtin selbst, daß sie
mit der Epilepsie behaftet sey, ist sehr verdächtig. Es ist sehr zu vermu-hen, daß sie dies
nur behaupte, um dem derben Willkomm
und Abschied zu entgehen, welcher ihr per sen-
tentiam zuerkannt ist.

2) Die Zeugenaussage des Gefangenwärters G.
beweist nicht, daß die S. wirklich epileptisch

fey. Es ist vielmehr wahrscheinlich, daß der
Anfall, den sie unter seinen Augen gehabt hat,
von verstellter Epilepsie war. Die Augen pfle=
gen bey wirklich epileptischen zwar etwas, aber
nicht ganz verschlossen zu seyn; man sieht
das Weiße im Auge hervor blicken; die
Augenlieder bewegen sich convulsivisch; bis=
weilen drehen die Kranken die Augen fürch=
terlich im Kopf herum.

3) Die Epilepsie hat auf die Gesundheit und
auf die Seelenkräfte des Kranken den nach=
theiligsten Einfluß. Die Folgen davon sind
Aufgedunsenheit des Gesichts und des Kör=
pers, Mattigkeit, Verlust der Kräfte,
Stumpfheit des Verstandes, Blödsinn oder
Wahnsinn. Seit 8 Jahren müßte sich von
diesen Folgen eine oder die andere eingestellt
haben, wenn die S. wirklich epileptisch
wäre. Sie ist aber ihrem eigenen, Geständ=
nis zufolge, sonst ganz gesund und ihr An=
sehen bestätigt dies. Ihr Verstand und
andere Seelenkräfte haben nichts gelitten.
Ihre Geistes Gegenwart und die Geläufig=
keit ihrer Zunge sind beyde gleich behend.
Ihre Physiognomie dreist und unerschrocken.

Dies ist nicht das Bild einer seit 8 Jahren
epileptischen Person.

Doch, zugegeben, die S. sey wirklich
mit der Epilepsie behaftet, so folgt aus dem
bereits gesagten, daß sie, da sie sonst ganz
gesund ist, dem ohneracktet ohne Schaden,
einen, wo nicht derben, doch ihrem Körper an-
gemessenen Willkomm und Abschied wird ertra-
gen können.

Königsberg, den 16. Febr. 1797.

M.

III.

Aktenstücke

Männliche Impotenz wegen einem grossen Hodensackbruch betreffend.

---

1. Vorstellen an das Collegium Medicum.

Em. Königl. Höchstverordneten Collegio Medico
muß ich unterthänigst gehorsamst vorstellen, daß
ich der Johann Adam H. zu H. im Januar des
1792ſten Jahres die Tochter des Unterofficiers,
Hochlöblich v. G—ſchen Regiments, Christoph St.
Namens N. St. unter der Versicherung, daß ſelbige ein reines Mädchen, keineeweges aber Coquette
gewesen, habe heyrathen wollen; gewiſſe häusliche
Angelegenheiten dagegen erforderten die Aus=
ſetzung der Hochzeit, die endlich aber von mir nicht
eingegangen werden konnte, da ich an meiner Braut
einen hohen Leib, und andere hieher gehörige Dinge
wahrnahm, die mich nicht ungegründet vermuthen

D 4

lieffen, daß felbige gravida wäre. Würklich kam
fie den 28ten Septbr. 1792 mit einer Tochter nie=
der, die fie mir jetzt aufbürden, und behaupten
will, als wäre ich der Vater diefes Kindes. In
dem hierüber bey dem Infterburgfchen Hofgericht
von derfelben angeftellten Proceß kömmt es nur al=
lein darauf an, daß ich nachweife, ich fey zum
Beyfchlaf völlig inhabil.

63 Jahre habe ich bereits durchlebet, acht
Jahre lang habe ich mich mit einem heftigen Hoden=
fack=Darmbruch plagen müffen, und bin überhaupt zum
Beyfchlaf völlig unfähig. Bey der ganzen Sache
gehet das Abfehen diefer St. blos darauf aus, mich
zu prellen, da fie fich fchon unterfangen, von mir
600 Rthlr. pro Stupro, und 600 Rthlr. für das
zur Welt gebrachte Kind zu fordern. Um nun
alle diefem zu entgehen, muß ich unterthänigft
gehorfamft bitten E. 2c. 2c. Kollegium Medicum
geruhe gnädigft gerechteft, eine Obduction mei=
nes Córpers fchleunigft zu veranlaffen und hoc
acto mir dahin ein Attest zu ertheilen:

daß ich fowohl wegen meines Alters, als
auch wegen des fo heftigen Hodenfack=Darm=
Bruchs fchon feit langen Jahren mit einer

Weibsperson den Beyschlaf zu exerciren völlig unvermögend gewesen.

Ich getröste mich gerechtest schleunige Er-
lösung und ersterbe in 2c. 2c.

E. Königl. Collegii Medici

Königsberg,   2c. 2c.
den 6. May 1753.   Johann Adam H.

2. Attest für den Erb-Mühlen-Pächter Johann
Adam H. in H.

Wir zum Königl. Ostpreuß. Collegio Medico
verordnete Director und Assessores, ertheilen dem
Johann Adam H., der wegen Untersuchung seines
Gesundheits-Zustandes sich bey uns gestellet, nach-
stehendes Attest;

daß bey angestellter genauer Besichtigung
wahrgenommen worden, daß H. einen sehr
veralteten, ungeheur und wenigstens auf jeder
Seite, wie ein starker Kindes Kopf grossen,

D 5

58

auch nicht um das mindeste zurück zubringen=
den Hodensackbruch hat, und daß daher von
seinem männlichen Glied kaum die Oefnung
zu erblicken, und eine Erectio Penis um den
Beyschaf bey einer Frauensperson zu exerciren
ganz unmöglich ist.

Urkundlich mit dem Uns verliehenen Insiegel be=
kräftiget.

Gegeben Königsberg, den 7ten May 1793.

Königl. Ostpreuß. Collegium Medicum.

———————

Der Beklagte verlor seinen Proceß bey dem
Insterburgschen Hofgericht, welches dahin erkannte:

daß der Klägerin der Eid zu beferiren, daß
kein anderer als der Beklagte, Vater zu dem
von ihr gebornen Kinde sey; und im Fall die=
ser Eid abgelegt würde, der Beklagte als
überwiesen zu halten sey.

Die Klägerin erklärte sich zwar bereit, den
Eid zu schwören, der Beklagte aber ergriff die

Appellation, wodurch der Proceß an die hiesige
Regierung übergieng.

Die Regierung verlangte nochmals ein Gut=
achten vom Collegio Medico in folgendem

3. Anschreiben der Ostpreuß. Regierung an
das Collegium Medicum.

E. Königl. ꝛc. Cellegio Medico übermachen
wir die bey dem Königl. Ostpreuß. Hofgericht
zu Insterburg in Sachen der Regina St.
Klägerin wider den Erbmühlenpächter H.
Beklagten in 2 Vol. verhandelten Acten, mit
dem ganz dienstlichen Ersuchen, auf den
Grund der eidlichen Zeugen = Aussagen, des
Dr. Michalowski, Chirurgi Teich, Schneiber
L., Wittwe N. und Wittwe B. Fol. 60—63.
und 68—76. Act. II. Inst. auch der von bey=
den ersteren ausgestellten Atteste Fol. 13. 14.
102. 121. Act. I. Inst. und Fol. 13. Act. II.
Inst. gefälligst darüber uns Dero Gutachten
zu eröfnen: ob die von Denenselben unterm
7ten May 1793. (Fol. 117. Act. I. Inst.)

atteſtirte Unfähigkeit des H. bereits am 1ten
Novbr. 1791, und in dem ganzen Zeitraum
vom 1ten Novbr. 1791. bis 7ten April 1792,
(Fol. 159. Act. I. Inſt) ein völliges Zeu=
gungs = Unvermögen (Allg. Landrecht
Th. II. Tit. II. §. 23. pag. 45. der bey dem
Patent vom 5ten Februar 1794, abgedruckten
Veränderungen) obgewaltet habe. Wir
bitten die Erſtattung des Gutachtens mög=
lichſt zu beſchleunigen.

Königsberg, den 7ten Junius 1796.

Sr. Königl. Majeſtät von
Preuſſen ꝛc. Würklich Gehei=
mer Etats = und Juſtiz=Mi=
niſter, Canzler, auch zu Dero
Oſtpreuß. Regierung verordne=
te Präſident, Vice = Präſident
und Räthe.

F.

An
E. Königl. Wohllöbl. Oſtpreuß.
Collegium Medicum.

4) Gutachten des Collegii Medici.

Wenn Uns von E. Hochverordneten Königl. Ostpreuß. Regierung sub Dato den 7ten et praest. den 8ten m. c. aufgetragen worden, in Sachen der Regina St. Klägerin, wider den Erdmühlenpächter H. Schwängerungssache bet. und, auf den Grund der uns mitgetheilten Acten in II Vol. der darin enthalte-nen eidlichen Zeugen-Aussagen, der vom Dr. Micha-lowski und Chirurgus Teich ausgestellten Atteste und des von uns selbst unterm 7ten May 1793 ertheilten Zeugnisses ein Gutachten über die Frage auszufertigen:

Ob die damals attestirte Unfähigkeit des H. zur Ausübung des Beyschlafs schon früher vorhanden gewesen, und also anzunehmen sey, daß bey dem H. bereits am 1sten November 1791. und in dem ganzen Zeitraum vom 1ten November 1791. bis 7ten April 1792. ein völliges Zeugungs = Unvermögen obgewaltet habe.

So haben wir die uns communicirten Acten aufmerksam durchgelesen, und unser Augenmerk be-sonders auf die in dem Anschreiben E. Königl. Re-gierung vermerkten Stellen gerichtet.

wird, die Streitfrage nicht allein eine Schwänge=
rung einer jungen Person von einem alten Mann,
sondern auch eine Entjungferung dieser Person be=
trift, indem die St. (Fol. 8. Act I. Inſt.) behaup=
tet, als ein reines unſchuldiges Mädchen zu dem
H. gekommen zu ſeyn.

H. behauptet aber, ſchon zu der Zeit, als
St. bey ihm war, zum Beyſchlaf, folglich noch
mehr zur Entjungferung und Schwängerung unfä=
hig geweſen zu ſeyn.

Ein Unvermögen zum Beyſchlaf und folglich
auch zur Zeugung gründen die gerichtlichen Aerzte
auf verſchiedene Urſachen.

Erſtlich iſt ein hohes Alter und beſonders eine
ſehr auffallende Disproportion des Alters zwiſchen
zwey Perſonen beyderley Geſchlechts zwar nicht
immer, doch gewöhnlicher Weiſe, wo nicht ein Hin=
dernis des Beyſchlafs, doch der Zeugung.

Zweytens iſt Haß oder Abneigung des einen
theils gegen den andern ebenfalls hier in Anregung
zu bringen; beſonders Haß oder Abneigung von
Seiten des weiblichen Theils, wodurch verurſacht
wird, daß auch ſelbſt im würklichen Beyſchlaf

keine Leibeshitze und folglich keine Zeugung erfolgen kann.

Drittens rechnet man dahin organische Fehler der Zeugungstheile z. B. Hodensackbrüche; d. i. Anschwellungen des Hodensacks durch ausgetretene Därme, wodurch das männliche Glied dergestalt zurückgezogen und versteckt wird, daß es zum Beyschlaf nicht mehr hinlänglich hervorragen kann, wenn auch eine Erection erfolgte. So lange der Bruch einrichtbar bleibt, so kann er, um den Beyschlaf zu verrichten, zurückgeschoben werden, da denn alsdenn das männliche Glied hinlänglich hervortritt. Sobald aber der Bruch veraltet, uneinrichtbar und sehr groß ist, so ist Beyschlaf und Zeugung unmöglich; indem die Größe des Bruchs die hinlängliche Annäherung des Mannes zum Weibe, und die nöthige Immission des männlichen Glieds in die weibliche Schaam nicht mehr zuläßt.

Wir wollen bey diesen drey Hindernissen der Zeugung hier stehen bleiben, und zu erörtern suchen; in wiefern dadurch ein fruchtbarer Beyschlaf zwischen dem H. und der St. habe verhindert werden können, oder nicht:

Was

Was erſtlich die Disproportion des beyderſei=
tigen Alters dieſer beyden Perſonen betrift, ſo ge=
hört es allerdings ſchon unter die ſeltenen Fälle, daß
eine Perſon von 20 Jahren von einem Manne von
60 Jahren entjungfert und geſchwängert werden
ſollte. Da es inzwiſchen doch Beyſpiele die=
ſer ſeltenen männlichen Salacität und Zeugungs=
kraft giebt, ſo wollen wir dieſen Grund des Unver=
mögens zu Gunſten des H. hier um deſto weniger
urgiren, da ſchon aus ſeinem Vorhaben, die St.
zu ehelichen zu erhellen ſcheint, daß es ihm am gu=
ten Willen und vielleicht ſelbſt an Kraft ſie zu
ſchwängern nicht gefehlt haben möchte, wann ſein
körperlicher Fehler ihm die Beywohnung erlaubt
hätte.

Was die wechſelſeitigen Geſinnungen des H.
und der St. gegeneinander betrift, ſo iſt zwar von
ſeiten des erſtern allerdings Liebe gegen die letztere
zu vermuthen. Allein daß bey ihr Gegenliebe ſtatt
gefunden haben ſollte, iſt nicht allein unwahrſchein-
lich, ſondern es iſt vielmehr ihre Abneigung gegen
ihn durch eydliche Zeugen=Ausſagen erweeen (ſ.
Act. II. Inſt. Fol. 75.) Sie bezeugte ſich dem H.
ſtörriſch und widerſpenſtig, und bediente ſich des
Ausdrucks: was ſoll ich den alten Kerl

noch eſtimiren? Wenn wir nun auch voraus-
ſetzen, was H. läugnet, daß der Beyſchlaf zwiſchen
ihm und der St. würklich ſtatt gefunden habe, ſo
iſt doch bey der gegen ihn gehegten Abneigung der
letztern kaum zu vermuthen, daß derſelbe fruchtbar
geweſen ſeyn könne.

Doch den ſtärkſten Beweis des mit der St.
nicht gepflogenen Beyſchlafs, und folglich der
Nichterzeugung des von ihr gebornen Kindes, führt
H. ſelbſt durch die Behauptung ſeines gänzlichen
phyſiſchen Unvermögens, da er mit einem veralteten groſſen Hodenſackbruch behaftet iſt.

Die Exiſtenz dieſes Bruchs iſt unter den Be-
kannten des H. ſo notoriſch, daß ſelbſt die St. ſie
zugeſtanden hat; nur wird an der Gröſſe deſſelben,
und ob er während dem Zeitpunkt des Aufenthalts
der St. bey dem H. bereits ſo beträchtlich war, daß
er den Beyſchlaf hindern konnte, gezweifelt.

Das von uns ſub Dato den 7. May 1793
nach angeſtellter genauer Beſichtigung ausgeſtellte
Atteſt über dieſen Hodenſackbruch beſagt ausdrücklich:

daß derſelbe damals auf beyden Seiten wie ein
ſtarker Kindeskopf groß und nicht im mindeſten

zurück zu bringen gewesen, so daß von seinem
männlichen Glied kaum die Oefnung zu erblicken war; und eine solche Erectio penis,
welche zu einem Beyschlaf nöthig ist, unmöglich war.

Nun läßt es sich zwar schon ex Theoria erklären, daß dieser so überaus grosse doppelte Bruch,
welcher keine Hervorragung des männlichen Gliebs,
noch hinlängliche Annäherung der beyderseitigen
Theile zum Beyschlaf zuließ, 18 Monate vorher
(denn so viel beträgt der Zeitraum von dem Aufenthalt der St. bey dem H. an bis zur Ausstellung un-
seres Attestes) nur um ein weniges kleiner gewesen
seyn konnte, indem ein solcher Bruch zwar allmäh-
lig grösser wird, aber so schnell nicht, daß er inner-
halb 18 Monaten zu der ungeheuren Grösse gelangen
konnte, in welcher ihn unsere Deputati sahen.

Wir könnten daher heraus schon ziemlich zuverläßig schliessen, daß dem H. in dem Zeitpunkt
vom 1. Novbr. 1791 bis zu Ostern 1792 die Entjungferung und Schwängerung der St., wenn er
solche auch versucht hat, nicht habe gelingen können.
Wir finden aber in den Actris utriusque Instantiae
noch mehrere Zeugnisse des schon ältern Unvermögens
des H.   E 2

Der Schneider L. (Act. II. Inſt. Fol. 69. 70.) bezeugt ſub Dato den 21. April 1795, daß bereits vor 7 Jahren der Hodenſack des H. die Gröſſe wie beym gröſten Bollen hatte, und der Raum in den Beinkleidern jedes Jahr gröſſer gemacht werden mußte.

Die Wittwe Catharina N. (Fol. 70.) welche ſeit 12 Jahren mit der verſtorbenen Ehefrau den Bruch des H. immer bähnen mußte, bezeugt ſub eodem Dato, der Bruch ſey hart im Anfühlen geweſen, anfänglich nicht ſo groß wie jetzt, doch könne er wohl vor 6—7 Jahren ſchon in der jetzigen Gröſſe geweſen ſeyn, und zwar wie bey einem groſſen Bollen; das männliche Glied habe ſich ſeit 8—9 Jahren gänzlich in den Unterleib zurückgezogen. Zum Beyſchlaf und zur Zeugung ſey daher nach ihrer Meynung der H. um ſo weniger fähig geweſen, da ſeine Frau immer wenn ſie ihn von einer Reiſe zurück erwartete, zu ſagen pflegte:

Nun wird er wieder nach Hauſe kommen und mich quälen; er ſpringt immer wie ein Bock herauf und herunter, und kann nichts.

Auch oft zu ſagen pflegte: daß ihr Mann ihr zwar die eheliche Pflicht leiſten wolle, aber wegen der Gröſſe des Bruchs nicht könne.

Die Wittwe B. Hebamme im Amte H. hält dafür (Fol. 75. 76.) daß H. seit 10—12 Jahren nicht im Stande sey, die eheliche Pflicht zu leisten, da ihm das männliche Glied ganz zurückgezogen sey; und wenn er auch etwas mit der St. versucht haben sollte, er doch zum Kinderzeugen unfähig wäre. Schon seine seelige Frau habe gegen sie geklagt:

Daß ihr Mann gerne wolle und nicht könne, und sich unnöthig quäle.

Mit dem Inhalt dieser Zeugen = Aussagen, stimmen die Atteste der Kunstverständigen; nemlich des Kreis = Physici Dr. Michalowski und des Chirurgi Teich zu Tilsit sehr überein.

Wir wollen die zu verschiedenen Zeiten ausgestellten Atteste des Letztern zuerst in Erwägung ziehen.

Sub Dato den 2ten April 1792, also gleich im Anfange des noch vorschwebenden Prozesses, attestirt der Chirurgus Teich, daß er den H schon seit 2 Jahren an einem sehr starken Hodensackbruch in der Cur gehabt; wobey er nicht allein die Anle=

E 3

gung eines Bruchbandes vergeblich fand, sondern
auch zur Verhütung der gänzlichen Ausdehnung des
Hodensacks eine Bandage anlegen mußte. Er hält
aus diesem Grund den H. für ganz unvermögend
und unfähig zum Be,schlaf.

Ein anderes Attest, welches sub Dato den
1ten Jan. 1790, folglich vor der Veranlassung des
jetzigen Prozesses (Fol. 102. Act. I. Inst.) ausge=
stellt ist, bezeugt, daß der erwähnte Bruch im
Zeitpunkt vom 29sten April bis 1sten Junii ejusd.
nur mit vieler Beschwerlichkeit eingerichtet werden
können, und folglich auch damals schon sehr groß
und alt war.

Hierauf scheint sich auch das Attest vom
20sten Aug. 1794 (Fol. 13. Act. II. Inst.) zu
beziehen, worinnen Teich attestirt, er habe im
Jahr 1790 dem H. für seinen Bruch, ein Bruch=
band machen lassen: Dies giebt ebenfalls zu er=
kennen, daß derselbe zur erwehnten Zeit, wann
auch sehr groß, doch noch zurück gebracht wer=
den konnte.

Mit diesen beyden Attesten scheint indessen
dasjenige im Widerspruch zu stehen, welches
Teich (Fol. 121. Act. I. Inst.) sub dato den

13ten May 1793 ausſtellte, um zu bezeugen, daß der Hodenſackbruch des H. bereits im Jahr 1789 ſo auſſerordentlich groß geweſen, daß alle Verſuche ihn zurücke zu bringen fruchtlos abliefen.

Endlich giebt er ſub Dato den 1ſten May (Fol. 61. Act, II. Inſt.) zu Protocoll; es könne im Jahr 1788 oder 1789 geweſen ſeyn, als H. ihn zuerſt wegen ſeines Bruchſchadens conſulirte. Derſelbe ſey ſchon damals ſo ſehr groß ange-ſchwollen, veraltet und verwachſen geweſen, daß keine Bemühung ihn zu reponiren habe gelingen wollen. Er halte ihn dieſes Bruchs wegen für unfähig zum Beyſchlaf, weil der Penis, wie er es ſelbſt beobachtet, auch wenn er ſteif war, nur bis auf ¼ Zoll, wegen der Gröſſe des Bruchs hervorragen konnte.

Aus den Widerſprüchen in den Datis, welche Teich in dieſen ſeinen Atteſten und Ausſa-gen angiebt, indem der Bruch einmal noch im Jahr 1790 wiewohl mit Mühe einrichtbar, dann aber ſchon 1789 uneinrichtbar geweſen ſeyn ſoll; ſchlieſſen wir, daß Teich kein ordentliches Jour-nal über die ihm vorkommenden Patienten hält. Inzwiſchen erhellet doch aus allen ſeinen Aeuſſe-

E 4

rungen, daß der Bruch des H. in den Jahren 1789
und 1790 vielleicht zwar noch einrichtbar, aber doch
so sehr groß gewesen seyn müsse, daß der Penis nur
¼ Zoll bey seiner Erection hervorragen könnte;
woraus auf eine völlige Unfähigkeit zum Bey=
schlaf zu schliessen ist. Späterhin und folglich
in der Zeit von 1791 bis zum 7ten April 1792
muß dieser Bruch bereits noch grösser, und folglich
der Beyschlaf noch weniger möglich gewesen seyn.

Bestimmter und en'scheidender sind die Zeug=
nisse und Aussagen des Dr. Michalowski. Er sagt
in seinem Arrest vom 24ten April 1792 (Fol. 13.
Act I. Inst) daß der H. wegen seines starken Ho=
densackbruches zum Beyschlaf durchaus untüchtig
sey. Und in seiner Aussage ad Protocollum vom
1ten May 1795 bezeugt er: er habe bey der vor 3
Jahren angestellten Untersuchung des H. die bey
Brüchen gewöhnlich ausgetretenen Theile des Unter=
eibs in den Hodensack so ausserordentlich stark her=
unter gesenkt gefunden, daß derselbe von der Grösse
eines Kindes Kopfs von 7—8 Jahren war. Die
männliche Ruthe sey dadurch so zurückgezogen wor=
den, daß nur die Eichel und etwas weniges von der
Ruthe selbst, zwischen den aufgetriebenen Leisten
hervorstand. Hieraus schließt Dr. Michalowski,

daß der Beyschlaf, wann er auch von Seiten des
H, wiewohl mit vieler Beschwerde möglich gewe=
sen seyn sollte, doch wegen der Unmöglichkeit des
Eindringens der Ruthe in die Scheide unfruchtbar
bleiben mußte. Nun aber fällt der Zeitpunkt der
von dem Dr. Michalowski angestellten Untersuchung
des H. wie aus dem Dato des eben angeführten Atte=
stes erhellet, gerade auf diejenige Zeit, da die St.
kurz vorher von dem H. geschwängert seyn will.

Da nun die Michalowskische Beschreibung
des Hodensackbruchs des H. gerade mit derjenigen
übereinstimmt, welche unsere Deputati bey ihrer
Untersuchung vom 7ten May 1793 ebenfalls ent=
worfen, und nach welcher unser Attestatum ertheilt
ist, so folgt daraus deutlich und unwidersprechlich:

Daß der Hodensackbruch des H. bereits in
dem Zeitpunkt vom 1sten Novbr. 1791 bis 7ten
April 1792 so groß, so veraltet, verhärtet und ver=
wachsen gewesen, daß keine hinlängliche Hervorra=
gung des männlichen Gliedes, und keine hinläng=
liche Annäherung der Geburtstheile von H. Seite
möglich war, um die St. zu entjungfern, zu be=
schlafen und zu schwängern; wann es auch wahr=
scheinlich ist, daß derselbe einige, wiewol gewiß

E 5

vergebliche Versuche gemacht hat, ihr beyzu=
wohnen.

Dies ist unsere in principis Medicis gegrün=
dete Meinung, und hoffen wir durch die ausführr=
liche Darstellung derselben, der Requisition E.
Hochverordneten Ostpreuß. Regierung satisfacirt zu
haben. Urkundlich ꝛc.

Königsberg, den 18ten Junii 1796,

Membra Medica **des Ostpreuß.** Collegii Medici.

M. **E.**

Wahrscheinlich hat die Klägerin ihren Proceß
in der zweyten Instanz verloren. Ihr Umgang mit
einem begünstigten Liebhaber war selbst in den Akten
der ersten Instanz schon so notorisch erwiesen,
daß nur die Kunst eines geschickten Sachwalters die
günstige Sentenz der ersten Instanz zu bewirken im
Stande war.

III.

Angebliche Impotenz wegen einem Leistenbruch (*).

1. Anschreiben des Stadtgerichts an den Stadtphysicum.

Der — Friseur B, ist von der unverehlichten G,
wegen eines angeblich mit ihr ausser der Ehe erzeug=
ten Kindes in rechtliche Ansprüche genommen wor=
den; die fleischliche Vermischung ist nach dem ein=
müthigen Geständniß von Weyhnachten 1795 bis
zur vorletzten Jahrmarktswoche 1796 erfolgt, und
in diesem Zeitraum will die G. geschwängert seyn;
der B. will indessen zu dieser Zeit Zeugungsunfähig
gewesen seyn, und hat sich dieserhalb auf ein Attest
Ew. Wohlgeb. berufen. Wir ersuchen daher diesel=

(*) Auch diesen minder merkwürdigen Fall rücke ich
hier blos als ein Gegenstück zu dem Vorher=
gehenden ein. Angehende gerichtliche Aerzte
müssen aus Beyspielen lernen, daß kein einziger
Fall dem andern ganz ähnlich ist.

ben den Zustand des B. zu untersuchen und ein
Attest zu ertheilen, in wie fern letzterer in dem Zeit=
raum von Weyhnachten 1795 bis Julius 1796
Zeugungsunfähig gewesen seyn dürfte oder nicht,
und uns solches zu den Proceßacten G. contra B.
zukommen zu lassen. Königsberg, den 21sten
Junii 1797.

Director ꝛc.

2. Gutachten.

Auf Requisition Es. Hochlöbl. Stadtgerichts,
habe ich heute den Zustand des Friseurgesellen B.
untersucht, welcher angeblich in dem Zeitpunkt von
Weyhnachten 1795 bis zur vorletzten Jahrmarkts=
woche (Monat Julius) 1796, als in welcher Zeit
die unverehlichte G. von ihm geschwängert zu seyn
behauptet, zur Zeugung unfähig gewesen, daher
auch nicht Vater zu dem Kinde der G. seyn will,
ohnerachtet er die Beywohnung mit ihr zugesteht.

Im ganzen ist B. körperliche Beschaffenheit von cachektischem und schwindsüchtigem Ansehen, so daß er zum Liebeswerk und zur Zeugung nicht sehr tauglich scheint. Die Geburtstheile sind zwar gehörig beschaffen; der Beklagte trägt aber wegen einem Leistenbruch an der rechten Seite ein Bruchband, welches, wann es nicht abgelegt wird, dem männlichen Glied wenig Eingang in die weibliche Scham verstattet. Nun behauptet er der G. in stehender Stellung und ohne das Bruchband abzulegen, beygewohnt zu haben, und dies ist der Grund, auf welchen B. sich in Ansehung seiner angeblichen Impotenz zur Zeugung in der erwähnten Zeit stützen will.

Ohnerachtet es mir nun bey der körperlichen Beschaffenheit des Beklagten und den übrigen angeführten Umständen selbst nicht wahrscheinlich ist, daß B. das Kind der G. gezeugt haben sollte, so läßt sich dennoch auch auf die Impotenz und das Zeugungsunvermögen des B. aus alle diesem nicht zuverläßig und apodyktisch schliessen; indem erstlich Schwindsüchtige wohl noch beywohnen und zeugen können; zweytens der Bruch des Beklagten so groß nicht ist, daß er die Immission des männlichen Gliedes in die weibliche Scheide gänzlich hindern sollte; drittens zur Zeugung eine nur geringe

Immission des Gliedes hinlänglich ist; viertens die stehende Stellung kein absolutes Hinderniß der Zeugung ist.

Ich kann also nicht behaupten, daß B. in der erwähnten Periode Zeugungsunfähig gewesen seyn sollte, ohnerachtet ich auch auf seine Zeugungfähigkeit kein grosses Zutrauen setze.

Königsberg, den 4. Febr. 1797.

M.

V.

Seltsames Beyspiel eines einseitigen Wahnsinnes.

1. Geschichts = Erzählung.

Den Mann, dessen Gemüthsbeschaffenheit ich zu schildern hier unternehme, ist in Rücksicht des Zustandes seiner Seelenkräfte für den Rechtsgelehrten, für den Arzt und für den Philosophen gleich interessant.

Er ist jetzt etwa 40 Jahr alt, war vormals in Kriegesdiensten, jetzt Gutsbesitzer, und lebt unbeweibt höchst einsam und ohne irgend eine andere Beschäftigung, als die mit seiner Wirthschaft auf dem Lande. Als der jüngste Sohn einer angesehenen Familie verlor er früh seine Eltern, kam jung in den Dienst, und seine Geistesfähigkeiten wurden gerade soviel cultivirt als nöthig war, um ihn zum guten Offizier zu bilden. Von Character ist er

mißtrauiſch, jähzornig, ſehr beharrend auf ſeine
Meinungen und von verſchloſſener, wiewohl
nicht menſchenfeindlicher Gemüthsart. Beſonders
merkwürdig iſt die von ſeinen Anverwandten von
Jugend auf an ihm bemerkte Abneigung gegen das
weibliche Geſchlecht und gegen allen nähern Umgang
mit demſelben, den er jederzeit mit einer gewiſſen
Aengſtlichkeit vermied und daher auch vom Heyra=
then nie hören wollte. Mit ſeiner Frau Schweſter,
einer allgemein verehrten Dame, hat er ſich bereits
vor acht Jahren entzweyt, als er bemerkte, daß ſie
bemüht war, ihm Geſchmack am Umgang mit dem
weiblichen Geſchlecht. beyzubringen. Mit ſeinem
Herrn Bruder, mit welchem er ſonſt noch am mei=
ſten harmonirte, hat er ebenfalls alle Gemeinſchaft
abgebrochen, weil derſelbe nicht in alle ſeine Ideen
unbedingt entriren wollte. Jetzt lebt er, wie ge=
ſagt, ohne allen Umgang allein auf ſeinem Gut.

In dieſer Einſamkeit und da beſonders bey
den langen Winterabenden die Wirthſchaft ſeine
Gegenwart nicht immer erfordert, er ſich auch nicht
mit vernünftiger Lekture beſchäftigt, iſt er vermuth=
lich auf gewiſſe beſondere Ideen von dem Unterſchied
zwiſchen Leib und Geiſt, welche er jetzt in
alle Geſpräche und ſchriftliche Aufſätze miſcht, und

auf

auf seine seltsam frömmelnde Einbildungen gerathen.
So behauptete er z. B. es sey ihm zu Ohren gekom=
men, daß man ihn für Jesus Christus halte;
er habe dah:r öffentlich und durch eine Aufschrift
über seiner Hausthüre ankündigen müssen, er sey
und werde nicht Jesus Christus. Diese
Aufschrift fand man wirklich bey der Untersuchung,
von welcher ich sogleich reden werde.

Besonders geschäftig aber ist seine Phan=
tasie in Rücksicht des Geschlechtstriebs, den er
zwar von Jugend auf, wahrscheinlich aus Furcht
vor schlimmen Folgen, vielleicht aus Eigensinn,
vielleicht auch aus religiösen Grundsätzen un=
terdrückt hat; der aber mit mehrerer Hef=
tigkeit bey ihm jetzt zu wirken scheint. Bey Tage
und wachend beruhigt er diesen Trieb, indem er,
wie man bemerkt hat, seinem männlichen Glied,
wenn es unruhig wird, Schnippchen schlägt. In
der Nacht hingegen und im Traum erscheinen ihm
die Gestalten der weiblichen Bedienten, die er im Hause
oder auf dem Gute hat; diese nothzüchtigen ihn und
treiben ihm den Saamen ab; welches er ihnen dann
sehr übel nimmt und ohnerachtet er selbst zugiebt,
daß sie diesen Muthwillen an ihm nicht im Leibe
sondern im Geist ausüben, indem die Thüren zu

F

ihm die Regierung nicht nehmen, da sie ihm von
Rechts wegen und als einem Vasallen Sr. Majestät
zukäme. Uebrigens erwähnt er in seinen Berichten
an die Regierung der ihm angeblich von seinen weiblichen Bedienten widerfahrenen Zubringlichkeiten in
denjenigen Ausdrücken, die der niedrigste Pöbel zu
brauchen pflegt, um die Handlung des Beyschlafs
und des vorsetzlichen Saamenabganges zu be-
zeichnen (*).   -

Der zerrüttete Gemüthszustand dieses Mannes leuchtete aus allem diesem zu sehr hervor, als
daß die Regierung nicht hätte bewogen werden sollen,
eine förmliche Untersuchung deswegen anstellen
zu lassen.

Nach der ganz neuerlich eingeführten Justiz-
form, mußte die Commission aus einem Mitglied
der Regierung, einem Referendarius, einem dem
F 2

(*) Da ich die unserm Herrn N. N. so familiären,
in seinen Reden und Schriften; auch in den
seinentwegen aufgenommenen Recessen so oft
vorkommenden Ausdrücke als Schriftsteller
nicht gebrauchen darf; so muß viel eigenthüm-
liches in der Darstellung seines Seelenzustan-
des wegfallen.

N. N. proviſoriſch zugeordneten Curator und zwey
Aerzten beſtehen, deren einen der Curator, den
andern die Familie vorzuſchlagen hatte. Ich
wurde als der Phyſicus loci von dem Curator,
von der Familie aber ein hieſiger Regiments=
Chirurgus in Vorſchlag gebracht.

Die Commiſſion langte an dem Ort ihrer
Beſtimmung an und wurde von Hrn. N. N.
artig und höflich empfangen, auch anſtändig be=
wirthet. So lange die Unterredung allgemeine
Gegenſtände, Witterung u. ſ. w. auch ſo gar
politiſche Angelegenheiten betraf, ſo hörte der
Gutsherr entweder gleichgültig zu, oder wann er
mit ſprach, ſo waren es vernünftige und paſſende
Antworten oder Meinungen, die er von ſich hö=
ren ließ; ſobald er aber auf die Gegenſtände ſei=
ner Phantaſie geleitet wurde, ſo war er im
Sprechen unerſchöpflich und ſeine Aeuſſerungen
entſprachen den Jdeen die er, wie bereits bemerkt
worden, in ſeinen Schriften ausgekramt hatte.
Die Aerzte waren bemüht, die Urſachen ſeiner
Empfindungen und Pollutionen auszuſpähen, aber
ohne groſſen Erfolg. Er wiſſe, ſagte er, daß
man ihn für toll halte, er ſey aber ganz ver=
nünftig, wiſſe was er rede und ſchreibe und ſeine
Angaben wären in der Wahrheit gegründet; auch

sey er ganz gesund, habe weder Magenbeschwer=
den, noch andere Zufälle. Die Aerzte gaben
ihm indessen zu verstehen, daß sie seine nächt=
lichen Abentheur blos für böse Träume hielten,
welches er aber sehr übel aufnahm und von der
Wirklichkeit seiner Empfindungen völlig überzeugt
zu seyn behauptete.

Von der Wirthschaft sprach unser N. N.
zwar ziemlich vernünftig. Man bemerkte indessen,
daß er die schmutzigen Ideen und Ausdrücke, de=
ren er sich sonst so oft bediente, auch auf Ge=
genstände der Wirthschaft übertrug. Um z. B.
anzudeuten, daß ihm im vorigen Jahr 30 Stück
Rindvieh gefallen wären, erzählte er, diese 30
Stück wären zu Tode genothzüchtiget worden.
Seinen Stallknecht beschuldigte er, er nothzüch=
tige dergestalt die Hengste, daß das Haus da=
von erzittere.

Die Commission zog auch Erkundigungen
von auswerts ein. Man befrug die Gutsbewoh=
ner und erfuhr sehr viele Züge, welche auf die
herrschende Idee des Besitzers Bezug hatten; die
doch aber auch zum Theil von der Güte seines
Herzens zeugten. Aufser jener Aufschrift über

F 3

seiner Hausthüre, wovon ich oben redete, fand
man eine andere über der Hausthüre des Gutsver=
walters, worinn in den gewohnten trivialen Aus=
drücken der Beischlaf auf dem ganzen Gute aus dem
Grunde untersagt wurde, weil der Besitzer sich
dessen enthielt und der Verwalter sollte darauf acht=
geben, daß sein Befehl gehörig beobachtet würde.

Ich übergehe viele andere Züge von Ideen
und Handlungen unsers N. N. die die Commission
in Ihrem Receß aufgezeichnet hat.

Inzwischen war die Wirthschaft auf dem
Gute des N. N. sehr ordentlich bestellt, und er
selbst steht im allgemeinen Ruf eines guten und
klugen Landwirths.

Es entstand also von Seiten der Regierung
die Frage, ob N. N. als mente captus unter Vor=
mundschaft zu setzen sey? Hierüber wurden beyde
Aerzte um ihr Gutachten befragt. Das Gutachten
meines Mitcommissarii habe ich nicht zu sehen be=
kommen; das meinige gab ich ab, wie folgt:

2) Erſtes Gutachten.

Laut Commiſſorium Er. Königl. Regierung habe ich die mir mit den Herrn C*** L*** und H*** aufgetragene Unterſuchung des Gemüthszuſtandes des N. N. meinerſeits bewirkt.

Um mein Gutachten hierüber zu begründen beziehe ich mich auf die in dem gemeinſchaftlich geführten und unterſchriebenen Protocoll (*) angeführten Data, die Unterredungen mit dem N. N. und andere Erkundigungen betreffend.

Aus derſelben erhellet wohl unbezweifelt, daß N. N. mit einem ſchon zum hohen Grad gediehenen Wahnſinn quoad certum objectum befangen iſt.

Die eigentliche Gattung dieſes Wahnſinns könnte, meines Erachtens frömmelnde Schwärmerey und Glaube an Geiſterwirkung im beſtändigen und oft erneuerten Streit mit dem körperlichen Bedürfnis der ſinnlichen Luſt genannt werden.

§ 4.

(*) Ich habe daraus das Weſentliche in der obigen Geſchichtserzählung angeführt.

Inzwischen hat diese Schwärmerey etwas ro=
hes in ihren Aeusserungen: Etwas mehr verfeinert
könnte man sie Geisterseherey ernennen.

Seine angeblichen Empfindungen aber drückt
N. N. in einer rohen, mehr dem Pöbel als seinem
Stande zukommenden Sprache aus. Schicklichere
und feinere sind ihm wahrscheinlich unbekannt.

Die in den Acten enthaltene Jugendgeschichte
des N. N. schildert ihn als einen hypochondrischen
jungen Mann von verschlossener Gemüthsart, der
sich aus besonderm Eigensinn vom weiblichen Ge=
schlecht entfernt hielt, ohneachtet der Umgang mit
diesem Geschlecht seiner Bildung und eine nähere
Verbindung mit einer Gattin seiner Leibesconstitution
heilsam gewesen wäre.

Nun rächt sich die Natur an ihm durch Auf=
regung unordentlicher Bilder in seiner Phantasie,
besonders in der Nacht und durch die vielleicht wirk=
lichen Schmerzen, die er bey seinen nächtlichen
Pollutionen leidet.

Der von Jugend auf angenommene und
noch fortdaurende Hang zur Einsamkeit, der Man=
gel an Umgang, die Abneigung gegen Lektur

sind eben so viele Ursachen der immer tiefer wur=
zelnden Seelenkrankheit des N. N.

Uebrigens ist er ein Mann von etwa 40 Jahren,
von aufbrausender Gemüthsart, jedoch nicht ohne
Herzensgüte, welches sich aus verschiedenen Zügen
schliessen läßt.

Daher läßt sich der Wechsel seiner Launen,
und der Grund der bald guten bald harten Behand=
lung seiner Untergebenen erklären. Sehr unwillig
aber wird er, wann man Zweifel gegen die Wahr=
heit seiner Behauptungen und gegen die Möglichkeit
der ihm von seinen weiblichen Bedienten angeblich
angethanen Nothzucht blicken läßt. Es möchte
schwer seyn, ihn je von dem Ungrund dieser Einbil=
dung zu überzeugen.

Uebrigens zeigt die Physiognomie des N. N.
keine Spur von Verstandesverwirrung an; sein
Puls ist ruhig, sein Appetit ist mäßig; nur sein
Schlaf wird durch die Geistererscheinungen beunru=
higt; woran vermuthlich Mangel an Beschäftigung
und andere Ursachen Theil haben.

F 5

Da also der N. N. über viele andere Dinge
vernünftig spricht, seine Wirthschaft gut führt, sein
Wahnsinn indessen und die daher entstehenden Hand=
lungen seinen Hausgenossen und Untergebenen, be=
sonders bey der aufbrausenden Heftigkeit seiner Ge=
müthsart oft allzu lästig wird, so geht meine Mey=
nung dahin, dem N. N. einen vernünftigen Gesell=
schafter zu geben, der sein Zutrauen zu gewinnen
suchte, und ihn von den heftigsten Ausbrüchen sei=
ner Launen zurückzuhalten wüßte.

Die Beurtheilung dieses Vorschlags und dessen
Ausführung Er. Königl. Regierung überlassend,
bekräftige ich dieses Gutachten durch meine Namens=
Unterschrift. Königsberg, den 20. Novbr. 17—

M.

In wie fern das Gutachten meines Mitcom=
missarii mit dem meinigen harmonirt habe, weiß ich
nicht. Es fehlte aber in Beyden eine Erörterung,
welche die Rechtsgelehrten nach Vorschrift des Allge=
meinen Landrechts für nothwendig halten, wann
von den rechtlichen Folgen des Wahnsinns die Rede
ist. Wir wurden daher beyde noch einmal auf=
gefordert.

in einem besondern gutachtlichen Nachtrag unsere bestimmte Erklärung darüber zu geben, ob der N. N. unter diejenige Classe von Menschen zu zählen, welchen das Vermögen die Folgen ihrer Handlungen zu überlegen ermangelt oder nicht?

Hierauf bezieht sich mein

———

§. Zweytes Gutachten.

———

—— Ich glaubte bey Abfassung meines ersten Gutachtens nicht, daß die Erörterung der mir jetzt vorgelegten Frage zu meiner Competenz gehörte und befürchtete Er. Kön. Reg. dadurch vorzugreifen, wann ich dieselbe zu entscheiden gewagt hätte.

Aufgefodert aber, meine Gedanken hierüber zu eröfnen, schreite ich zuvörderst zu folgenden Bemerkungen.

Zum Begriff des Wahnsinns im medicini=
schen Sinne scheint es mir nicht hinreichend zu seyn,
daß einem Menschen das Vermögen fehle, die Fol=
gen seiner Handlungen zu überlegen. Ich meine,
derjenige ist wahnsinnig, bey welchem wie bey N.
N. die Phantasie die Beurtheilungskraft irre führt,
so daß er die Uebereinstimmung und die Nichtüber=
einstimmung seiner Handlungen mit den Vorschriften
der Gesetze nicht mehr einzusehen vermag; wovon
dann die Folge ist, daß der Wahnsinnige mehren=
theils ausser Stand gesetzt wird, seinen Geschäften
vorzustehen, auch der Imputation der Folgen seiner
Handlungen nicht mehr fähig ist.

Da bey dem N. N. die Beurtheilungskraft
durch die seiner Phantasie öfters vorschwebenden
unreinen Bilder wirklich eine falsche Richtung erhal=
ten hat, so ist er für wahnsinnig zu halten. Die
Folgen derjenigen Handlungen, welche ihren Grund
in diesem Wahnsinn haben, ist N. N. zu überlegen
unfähig. Er würde sich sonst nicht für berechtigt
halten, die weiblichen Bedienten von welchen er ge=
nothzüchtigt seyn will, dafür zu züchtigen. Auch
würde er die ärgerliche Aufschrift über der Thüre
seines Verwalters nicht haben aufsetzen lassen.
Das Gesetzwidrige und Unmoralische dieser
Handlungen war N. N. einzusehen nicht fä=

hig, folglich auch nicht vermögend die Folgen davon zu überlegen.

Ohnerachtet nun der Wahnsinn des N. N. nur einseitig, und seine Beurtheilungskraft in Rück= sicht anderer Gegenstände noch nicht verletzt ist, so bedient er sich doch schon, wann z. B. von wirth= schaftlichen Gegenständen die Rede ist, solcher Aus= drücke, welche auf den Gegenstand seines Wahn= sinns Bezug haben. Es ist also zu fürchten, daß die Beurtheilungskraft des N. N. in der Folge noch mehr leiden und seine Seelenkrankheit noch zuneh= men möchte.

Und da N. N. auch Handlungen begeht, welche gesetzwidrig sind und ihren Grund in seiner Narrheit haben, so inhärire ich meiner erstern Meinung,

daß N. N. in seiner Willkühr einigermaßen eingeschränkt werden müsse.

Königsberg, den 6. Decbr. 17—.

M.

Dem Vernehmen hat die Regierung einen Versuch gemacht, ob N. N. durch einen schärfen Verweis wegen seiner verübten Gewaltthätigkeiten und häufig begangenen Unanständigkeiten gebessert werden möchte.

Es wäre vielleicht der beste Rath für N. N. sich eine Gesellschafterin zu halten. Dies möchte ihm wohl noch am zuträglichsten seyn, wann die gewählte Person Klugheit genug besäße, sich anfänglich in die Launen des N. N. zu schicken, um ihn in der Folge umstimmen zu können.

Der sehr achtungswürdige Recensent meines kurzgefaßten Systems der gerichtlichen AK. in der ALZ. 1796. N: 49. S. 386 u. f. f. hat bey dem Kapitel vom Wahnsinn die wichtige Bemerkung gemacht:

die ganze Classe der Verstandes-Verrückungen sey den meisten Aerzten ein gleichsam nur dem Namen nach bekanntes, ihrer wahren

Beschaffenheit nach aber ein faſt noch völlig
unbekanntes Land. Bis jetzt, ſagt er, ſind noch alle
Aerzte an der Definition des Wahnſinns geſchei‐
tert. Auch die Definition unſeres Verf. iſt, ſagt
er, zu enge. Bey jeder Art des Wahn‐
ſinns macht wohl eine krankhafte Be‐
ſchaffenheit des Bewußtſeyns die
Hauptſache aus: die Beſtimmung der Ver‐
ſchiedenheit dieſes krankhaften Zuſtandes und
der Arten ſeiner Aeuſſerungen würde uns die
Arten und die Gattungen der Verrücktheit dar‐
ſtellen. Was der Verf. über den Wahnſinn
und über die Gattungen deſſelben beygebracht
hat, iſt zwar viel mehr und viel richtiger als
alles, was man bisher in den Lehrbüchern der
ger. AW. fand; allein noch lange nicht das,
was wir bedürfen und was uns ein künftiger
Schriftſteller vielleicht geben wird.

Ich gebe es mit der ungeheucheltſten Auf‐
richtigkeit zu, daß die Materie vom Wahnſinn in
meinem Buche bey weitem nicht erſchöpft iſt, und
begnüge mich gerne mit dem Lob, etwas mehr ge‐
leiſtet zu haben, als meine Vorgänger. Auch
ſtimme ich mit in den Wunſch, daß ein künftiger
Schriftſteller uns das, was wir diesfalls bedürfen,
recht bald geben möge.

Die Urſache aber, warum die ganze Claſſe
der Verſtandesverrückungen den meiſten Aerzten
ein ganz unbekanntes Feld iſt, und es wahr=
ſcheinlich noch lange bleiben wird, iſt meines
Erachtens darinn zu ſuchen, daß ſelbſt die Phy=
ſiologie der Seele, d. i. die Lehre von der Be=
ſchaffenheit der Seele ſelbſt und von dem körper=
lichen Organ der Seele, noch nicht im reinen iſt.
Wie ſollte die Pathologie der Seele ſobald ins
reine kommen können? An der Natur der Seele
iſt der Scharfſinn der Philoſophen ſeit vielen
Jahrhunderten geſcheitert. Das Organ der Seele
wird ſchon lange vergeblich geſucht. Söm=
merring glaubt, es in der Feuchtigkeit der
Hirnhölen gefunden zu haben. Sollte ſich ſeine
Meinung beſtätigen, ſo könnte in der Lehre vom
Wahnſinn ſehr vieles aus den Fehlern dieſer Feuch=
tigkeit erklärt werden. Dieſe Meinung aber leidet
noch vielen Widerſpruch und bis alle Zweifel geho=
ben ſind, kann die Pathologie aus dieſer Entdeckung
noch keinen Nutzen ziehen.

Eine krankhafte Beſchaffenheit des Bewußt=
ſeyns begleitet wahrſcheinlich, wo nicht alle, doch
die meiſten Gattungen des Wahnſinns. Sie
macht aber nicht die Hauptſache aus; ſie iſt nur
Folge

Folge oder Wirkung des Wahnsinns; kann auch
nicht zur Festsetzung der Gattungen des Wahn=
sinns dienen. Das Bewußtseyn ist Gefühl seiner
selbst. In wie fern dieses Gefühl bey dem
Wahnsinnigen verändert ist; dies ließe sich wohl
auf keine andere Art bestimmen, als durch den
Wahnsinnigen selbst, der uns seine Gefühle offen=
baren müßte. Dies kann er aber nicht; denn
wenn er es könnte, so wäre er nicht wahnsinnig.

Sollten dem würdigen Auter der oben an=
geführten Bemerkungen diese Gegenbemerkungen
zu Gesichte kommen, so bitte ich ihn, sie seiner
Aufmerksamkeit zu würdigen, und mir seine Ge=
danken darüber bey Gelegenheit wieder mitzu=
theilen.

M.

VI.

Seltene Art einer tödtlichen Kopfverletzung.

1. Geschichts = Erzählung.

Die Strandbewohner am Curischen Haff sind mehrentheils Fischer; eine rohe Art Menschen, die zwar in ihrer einfachen Lebensart zufrieden sind, aber die erhabenen Tugenden und Eigenschaften nicht besitzen, die Rousseau und mehrere an den Naturmenschen gerühmt haben. Sie hegen und pflegen indessen unter sich einen nützlichen Aberglauben, der die Tugend der Verträglichkeit unter ihnen ersetzt: Sie glauben nemlich daß ihre Fischerey im Haff nie gesegnet seyn könne, ohne die größte Eintracht unter den Theilnehmern, deren mehrentheils viele sich bey diesem Geschäfte versammlen.

Diese Leute haben zweyerley Arten von Fischerey; nemlich die im Sommer bey offenem

Waſſer und die im Winter auf dem Eis. Gewöhn=
lich überfriert das ganze Haff mit ſo feſtem Eis
daß es groſſe Frachten trägt und die Reiſenden den
kürzern Weg zu Schlitten nach Curland über das
Haff zu nehmen pflegen. In dieſer Zeit nehmen
auch die Fiſcher ihr Geſchäft wahr. Bey ſtern= oder
mondhellen Nächten beſteigen ſie ihre Schlitten mit
ihren Geräthſchaften verſehen, und entfernen ſich
von ihren Wohnungen bis auf 2 auch 3 Meilen
weit auf dem Haff, wo ſie groſſe Löcher ein=
hauen und in denſelben fiſchen. Um die Netze un=
terzutauchen bedienen ſie ſich langer Stangen an
einem Ende mit einem ſtumpfſpitzigen Eiſen be=
ſchlagen.

Bey einer ſolchen Fiſcherey befand ſich auch
ein Fiſcher Jacob B. nebſt ſeinem Sohn dem
Chriſtoph B. Jener ein Mann von 60 Jahren,
dieſer ein bereits erwachſener Mann von einigen
20. Ein Wortſtreit, den der Sohn mit einem
andern Fiſcher bekam, erbitterte den Vater derge=
ſtalt gegen ihn als einen Friedensſtörer, der die
Fiſcherey fehlſchlagen machen würde, daß er mit
einer Runge (einen Stück Holz, das zur Zuſam=
menſetzung eines Schlittens gehört) auf ihn los=
gieng, um ihn dafür zu beſtrafen. Dieſer wich

G 2

dem Vater aus, und um ihn sich vom Leibe zu
halten, ergriff er eine der eben beschriebenen
Stangen, die er dem Vater entgegen hielt. Die
Folge hievon war, daß der Sohn den Vater,
welcher auf ihn zuging, mit dem stumpfspitzigen
Eisen vor den Kopf stieß. Der Vater taumelte,
konnte sich nicht mehr auf den Füssen halten,
klagte sehr über heftige Schmerzen im rechten
Auge, wurde auf einen Schlitten gelegt und
nach Hause gebracht, wo er betäubt ankam und
zu Bette gebracht wurde. So lag er vom Mon=
tag Abend ohne Besinnung, ohne kunstmäßige
Hülfe, bis Donnerstag Morgens, da er starb.
Die Verletzung selbst beschreibt das folgende Ob=
ductionsattest. Ich will nur noch hier hinzu=
setzen, daß der Sohn zur vierjährigen Vestungs=
strafe verurtheilt worden.

2. Obductions = Attest.

Nachdem der Fischer Jacob B. aus Stombeck,
Amts Schaacken, den 9. m. c. beym fischen
auf dem Haff, angeblich von seinem Sohn Chri=

stoph B. mit einem stumpffpitzigen Instrument
am Auge verletzt, sogleich schwer erkrankt, und
den 12ten darauf, folglich am vierten Tag nach
der Verletzung Todes verblichen, so hat uns En-
desunterschriebene das Löbl. Justizamt gestern zur
Obduction des todten Körpers nach Schaacken
zu kommen requirirt, wohin wir uns auch heute
mit dem Hrn. Actuarius N. N. begaben, und in
seiner Gegenwart die Obduction des Leichnams
vorgenommen haben.

Der todte Jacob B. war ein Mann von
circa 60 Jahren, von starkem, wohlgenährtem
und gesundem Körperbau. Wir besichtigten den
Leichnam von allen Seiten genau und fanden
an der ganzen Oberfläche der Brust und des Un-
terleibs nichts Widernatürliches; auf dem Rücken
blos die gewöhnlichen vom Liegen herrührenden
Todtenflecken; am linken Arm aber und in der
Mitte desselben eine starke grosse Contusion, als
die Folge eines starken Schlags oder Falls auf
diese Stelle und unter der Haut ausgetretenes
Blut.

Die vorzüglichste Verletzung aber fanden
wir am rechten Auge, welches stark contundirt

und sugillirt war, am meisten am äussern Au=
genwinkel. Der Augapfel selbst war, als das
obere Augenlied reclinirt wurde, von dem ver=
letzenden Instrument gestreift und blutrünstig.
Da wir nun vermuthen konnten, daß die Ver=
letzung sich weiter nach oben und bis ins Hirn
erstreckt haben möchte, so wurde der Hirnschädel
eröfnet und folgende Data gefunden.

Das dünne Knochenblatt, welches die obere
knöcherne Wand der Augenhöle ausmacht und
ein Theil des Stirnb. ins ist, war gesplittert;
dergestalt, daß ein grösseres Stück, (in der
Grösse eines 2 Ggr: schenstücks) und ein kleineres
los waren. Die harte Hirnhaut über der Au=
genhöle war in eben demselben Umfang sugillirt
und von stockendem Blut blau gefärbt. Nun
legten wir die harte Hirnhaut ganz von dem
Hirn zurück und fanden dieses Eingewende in
seiner ganzen Oberfläche über und über mit einer
eyterähnlichen Materie überzogen. Nachdem end=
lich auch die rechte Augenhöle eröfnet worden
war, so fanden wir alle darinnen enthaltenen
Theile voll stockenden Bluts.

Alle übrigen Eingeweyde, sowohl die in
der Brust als in dem Unterleib enthaltenen, wa=

ren so gesund und wohl beschaffen, daß der Ver=
storbene vielleicht noch viele Jahre leben konnte,
wann an ihm keine Gewaltthätigkeit verübt wor=
den wäre.

Was nun die Todesursache und den Grad
der Lethalität der dem Jacob B. zugefügten Ver=
letzung betrift, so können wir nach den im Leich=
nam gefundenen Datis nicht umhin, - die in den
Hirnhäuten und auf der Hirnfläche entstandene
Entzündung und Eyterung als die Ursache des
Todes des Verstorbenen anzusehen; diese Entzün=
dung aber ist, da keine andere Spur einer Kopf=
verletzung zu bemerken war, unstrittig von dem
Stoß ins Aug entstanden, durch welchen die
harte Hirnhaut selbst verletzt und der obere Theil
der Augenhöle zersplittert worden. Der daher
entstandene Reiz konnte nicht fehlen, die heftige
Entzündung zuwege zu bringen, welche wegen
der häufigen Nerven im Auge und ihrem nahen
Zusammenhang mit dem Hirn um so geschwinder
zunehmen mußte, als nichts den Fortgang der=
selben zu hemmen im Stande war; daher der
schleunige Tod des Jacob B. da sonst in ähnli=
chen Fällen eine so nahe Gefahr des Todes ob=
zuwalten pflegt.

G 4

Ob der Jacob B. durch zweckmäßige
Hülfsmittel zu retten gewesen wäre? Diese Frage
können wir nicht bejahend beantworten. Viel=
mehr zweifeln wir daran aus dem Grunde, weil
die Augenhöle gesplittert war, wozu keine Hand
eines Wundarztes gelangen konnte, um den hef=
tigen Entzündungsreiz zu entfernen.

Wann inzwischen alle kunstmäßige Hülfe
versäumt worden, so tragen wir Bedenken, die
dem Jacob B. von seinem Sohn zugefügte Ver=
letzung für ganz absolut und im höchsten Grad
tödtlich zu erklären, und halten dafür, sie sey
als eine laesio per se lethalis zu achten. Amt
Schaacken, den 16. März 1795.

M.   K.

Wohl ohne Zweifel eine seltene Art von
tödtlicher Kopfverletzung, sowohl in ihrer Veran=
lassung, als in ihrer Beschaffenheit und in ihren
schleunig tödtlichen Ausgang.

Dieser letzte Umstand ist wohl in medicini=
scher Rücksicht der merkwürdigste. Die Entzün=

dung und Eyterung der Hirnhäute, an welcher
der Verletzte so schlennig starb, war von der
Art, welche man gewöhnlich die späte verbor=
gene nennt. Richter (Anfangsgr. d.
WAK. II. §. 179) hat sie nach Pott,
Schmucker, Dease, Fischer u. a. m. vor=
züglich gut beschrieben. Es giebt zwar eine an=
dere Art von Eyterung im Hirn, welche man
eigentlich einen Hirnabsceß nennen kan; sie
concentrirt sich mehr auf eine umschriebene Stelle,
bringt aber tiefer in die Hirnsubstanz, und wenn
das Eyter einen Ausfluß nach auffen erhalten
kan, so fällt diese Eyterung nicht immer tödlich
aus. Die späte verborgene aber erstreckt sich
über die ganze Oberfläche des Hirns und ist bis
jetzt immer tödlich ausgefallen, ohnerachtet man
die Ursache dieser unabwendbaren Tödlichkeit bis
jetzt noch nicht hinlänglich erforscht hat.

Der Gang der Krankheit war aber in un=
serm Fall ungewöhnlich schnell. Niemand wird
behaupten wollen, daß bey dem Verstorbenen eine
Anlage zu dieser Krankheit schon vorher zugegen
gewesen sey; nein, er war frisch und gesund.

G 5

Die Verletzung ist also die Ursache der
Hirnentzündung und Eyterung auf. ihrer Oberfläche, einer Krankheit, welche sonst erst in der
dritten Woche nach der Kopfverletzung oder auch
so der tödlich zu werden pflegt, und gewöhnlich
in drey Perioden abgetheilt wird; die erstere, in
welcher der Kranke noch ohne Zufälle ist; die
zwente, in welcher wahrscheinlich die Entzündung,
und die dritte, in welcher die Eyterung eingetre-
ten ist. Es giebt also Fälle wo diese Krankheit,
welche gewöhnlich nur morbus acutus ist, ein
morbus acutissimus wird.

In dem gegenwärtigen Fall ist die Betäubung und Sinnlosigkeit, in welche der Verstor-
bene beynah sogleich nach der Verletzung verfiel,
fast eben so merkwürdig, als der schleunige Tod
des Mannes selbst. Eine beträchtliche Erschütte-
rung konnte das Instrument nicht hervorbringen.
Von einer Ergiessung war keine Spur vorhanden. Selbst die Verletzung des Hirns, welche
sehr gering war, erklärt uns diese anhaltende
Betäubung und Sinnlosigkeit noch nicht, auf
welche der so schleunige Tod erfolgte.

Ob nun dieser ungewöhnliche Gang der
Krankheit seinen Grund in der Verletzung der

groſſen Menge von Augennerven und ihrem na=
hen Conſenſus mit dem Senſorium commune
habe? will ich der Entſcheidung der Pathologen
überlaſſen. Der gerichtliche Arzt iſt mehrentheils
in der Nothwendigkeit dem Richter beſtimmte
Auskunft über die Urſache des Todes geben zu
müſſen. Ich hielt im gegenwärtigen Fall die
angeführte für die wahrſcheinlichſte.

Iſt es auch wohl wirklicher Eyter, der ſich
bey der beſchriebenen Krankheit über die Ober=
fläche des Hirns verbreitet? Ich zweifle daran
und halte dieſe Materie für eben dieſelbe, welche
bisweilen im Unterleibe über die Gedärme gleich=
ſam wie ergoſſen gefunden wird. Doch, hier iſt
der Ort nicht, dieſe Frage genauer zu erörtern.

VII.

Ueber die Verhältnisse zwischen dem Aerzte und dem Rechtsgelehrten.

Ueber diese Materie, welche schon eher verdient hätte, zur Sprache gebracht zu werden, werde ich hier keine ausführliche Abhandlung liefern, sondern nur einige zerstreute Gedanken vortragen.

Wenn ich mir bey dieser Gelegenheit erlaube, eine oder die andere Bemerkung über Jurisprudenz und Rechtsgelehrte zu machen, so bitte ich, mich nicht so zu verstehen, als ob ich diese Wissenschaft und die sich ihr widmen verkleinern wollte. Die Jurisprudenz, als eine bey der jetzigen Verfassung der Staaten nothwendige Wissenschaft schätze ich hoch; besonders wann sie sich auf eine philosophische und liberale Gesetzgebung, wie die Preußische gründet, und Männer

sie

fie ausüben, welche durch ihren Hellblick Geist und Leben in den todten Buchstaben des Gesetzes zu bringen wissen. Diese Männer kennen die Stärke und die Schwäche der Jurisprudenz und sind als Rechtsgelehrte weit von aller übertriebenen Anmaßung entfernt.

Es giebt eine andere, vielleicht grössere Classe der Rechtsgelehrten, welche dafür halten, oder zu halten scheinen, alles nützliche, nothwendige und wissenswerthe in der Welt stehe im Corpus juris und in den Pandekten.

An Männern dieser Art habe ich oft bemerkt, daß sie den Arzt, wann sie bey gerichtlichen Verhandlungen mit ihm zusammen kommen, mit einer Art von Superiorität ansehen und als einen Untergebenen behandeln, den sie z. B. bey Obductionen zu einer zur Sache nothwendigen mechanischen Verrichtung brauchen.

Junge, vor kurzem von der Akademie gekommene Rechtsgelehrte verfallen, ehe noch ihre Beurtheilungskraft zu mehrerer Reife gediehen ist, am öftersten in diesen Fehler.

H

nicht gerade zur Sache führt, werde nur die edle
Zeit verdorben, und der angehende Jurist müsse ei=
len, seinem Hauptstudium näher zu kommen.

Ich bin freylich nur selbst ein Laye in der Ju=
risprudenz; ich möchte sonst überhaupt vorgeschlagen
haben, der angehende Gelehrte widme sich nicht eher
einem Fach ausschließlich, bis er sich in den Schulen
der Philosophen durchaus dazu gebildet, in jedem
Fach das er ergreifen wird, ein brauchbarer Mann
zu werden! er erwerbe sich in dieser Absicht eine an=
schauliche Uebersicht und Kenntniß aller Zweige des
menschlichen Wissens, und entschließe sich, nachdem
er seine Neigungen und Fähigkeiten zu Rathe gezo=
gen, zu dem einen oder dem andern Fache.

Die völlige Unkenntniß in allen übrigen Ge=
genständen des menschlichen Wissens hat die Folge,
daß man von Männern aus dem Gelehrtenstand über
Dinge, die außer den Gränzen ihrer Kenntnisse lie=
gen, oft Urtheile hört, die man kaum dem unwissen=
den Pöbel verzeihen würde.

Gerade diese Unkenntniß ist es auch, die der
junge Rechtsgelehrte oft mit zu seinen ersten Amts=
verrichtungen bringt, und die ihm eine gewisse Ver=
achtung gegen andere, besonders gegen den Arzt ein=
flößt. Der Arzt, meint er, steht weit hinter dem
Juristen zurück; denn die juristische Fakultät hat

vor der medicinischen auf der Akademie den
Vorrang.

Auch habe ich vielfältig an Juristen bemerkt,
daß sie, um mich eines juristischen Ausdrucks zu bedienen, die Aerzte und die Arzneywissenschaft per-
horrescirten. Ein solcher war z. B. Leyser.
Wann diese Männer Lehrer sind, so flößen sie ihre
Gesinnungen ihren Zöglingen ein.

Desto finsterer ist denn auch der Empfang den
der Arzt von ihnen zu gewarten hat.

Der junge Mann würde inzwischen seinen Ton
bald etwas herunterstimmen, wann er einen richti-
gen Begriff von den Verhältnissen des gerichtlichen
Arztes zum Rechtsgelehrten hätte. Dies Verhältniß ist kein anderes, als das eines Freundes und
Rathgebers, ohne welchen in Fällen, wo über Ver-
letzungen, Vergiftungen, Kindermord u. s. w. zu
urtheilen ist, der Rechtsgelehrte nie die wahre Lage
der Sache, den Zusammenhang zwischen Verletzung
und Tod, als Ursache und Würkung, folglich die
Größe des gestifteten Schadens wird beurtheilen
können.

Seine Wissenschaft selbst verläßt ihn hier; sie
wird abhängig von der Arzneywissenschaft und ohne
das Licht, das er durch sie erhält, wäre er in jedem
Fall in der unvermeidlichen Gefahr, ein ungerechtes,
entweder allzugelindes oder allzustrenges Urtheil zu

füllen, und einen so wesentlichen Dienst kann doch
wohl der Rechtsgelehrte mit Dank erkennen, und
demjenigen, der ihn ihm leistet, mit Achtung begegnen.

Ich habe hierauf einwenden hören, der gericht=
liche Arzt sey ein Diener des Staats, und in so fern
verbunden, den Gerichten seine Dienste zu leisten.
Die gerichtliche AW. sey in diesen Stücken die Die=
nerin der Jurisprudenz und das Geschäft des Arz=
tes verbinde den Richter zu keinem Dank gegen ihn.
Aber der Rechtsgelehrte ist nicht minder Diener des
Staats, als der Arzt, und will er gegen letztern
nicht dankbar seyn für die wichtigen Dienste die er
ihm leistet, nun so wird es der Staat seyn. Die
Idee aber von einer Dienstbarkeit der AW. gegen
die Jurisprudenz ist eine Albernheit, in eines Legu=
lejen Kopf entsprossen.

Um aber das Verhältniß des Arztes zum
Rechtsgelehrten noch näher zu bestimmen, so ist es
nöthig, ein Auge auf die gerichtlichen Geschäfte des
Arztes zu werfen.

Sie lassen sich auf zweyerley zurückbringen,
nemlich das, was er bey Obductionen zu leisten hat,
wohin besonders die Außfertigung der Ob=
ductions=Atteste gehört; denn die Gutach=
ten, welche im Lauf der Processe von ihm er=
fordert werden.

H 3

Bey Obductionen könnte der gerichtliche Arzt mehr leisten; er könnte die Geständnisse des oder der Inquisiten sogleich mit den Datis der Obduction vergleichen, sie dadurch bestätigen oder widerlegen, wann er nicht angewiesen wäre, sich auf den Befund im Leichnam alleine einzuschränken, und sich nach vorhergegangenen Umständen nicht zu erkundigen. Man behält sich vor, im Fall im Lauf des Processes der Obductions=Befund mit den Geständnissen oder Behauptungen des Inquisiten im Widerspruch stünde — ein Fall der sich nicht selten ereignet — den Arzt zu besondern Erläuterungen aufzufordern; wogegen ich aber bereits verschiedentlich erinnert habe, daß die Sache dem Gedächtniß des Arztes in der Folge nicht mehr so gegenwärtig ist; ja, daß er mittlerweile mit Tode abgegangen seyn kann. Ein Fall, wovon ich anderwerts ein Beyspiel angeführt habe.

Um desto weniger aber sollte der Rechtsgelehrte dasjenige von dem Arzt fodern, was er, so lange diese Verfügungen bestehen, nicht leisten kan. Und doch findet man Beispiele von dieser Unbilligkeit! Derjenige Jurist, welcher bey Pyl (s. Auffs. B. VIII. Obs 20.) dem obducirenden Arzt, bey Anstellung der Lungenprobe den Umstand verschwieg, daß Luft in die Lungen des Kindes eingeblasen worden war, ließ sich diese Unbilligkeit zu Schulden kommen; er verlangte eine vollständige Lungenprobe von dem Arzt, die ohne vorläufige Notiz jenes Umstandes nicht möglich war. Gleich dem gemeinen Mann, der von dem Arzte verlangt, er solle Alter, Geschlecht, Krankheit, aus dem ihm vorgezeigten Uringlas erkennen.

Es möchte also nöthig seyn, festzusetzen was der Arzt unter diesen Umständen leisten kann und zu leisten gehalten werden darf. Es ist nicht genug, ihm den Leichnam hinzulegen, und zu sagen: da, obducire! So recht es von Seiten des Juristen gehandelt seyn mag, den ihm vorgeschriebenen Gesetzen zu Folge dem Arzt das vorläufige Scrutinium zu versagen, so gegründet ist auch das Recht des Arztes, von dem Rechtsgelehrten eine bestimmte Anzeige dessen zu fodern, was er durch die Obduction erörtert wissen will. Nur durch diese Angabe können sich beyde verständigen, und der Arzt bleibt ausser Schuld, wann es sich in der Folge finden sollte, daß irgend ein wesentlicher Umstand vergessen sey.

Minder eingeschränkt ist der Arzt, wenn er ein Gutachten zu entwerfen hat. Zu diesem Behuf werden ihm mehrentheils die verhandelten Akten mitgetheilt. Er kann die Gründe für und wider die streitige Frage auf allen Seiten aufsuchen und jeden einzelnen Umstand benutzen, um einen zuverläßigen Beschluß zu fassen, insofern nicht irgend etwas

bereits in der Obduction oder in der Untersuchung
versehen ist, was nicht mehr verbessert werden kann.

Steht es aber dem Arzt frey, bey der Erwä=
gung der Rationum dubitandi et decidendi auch
moralische Gründe anzuführen? Ich sehe nicht
ab, warum ihm das verwehrt seyn sollte.

Der Rechtsgelehrte wird doch etwa nicht wäh=
nen, daß er allein berechtigt sey, über die Moralität
eines Vergehens gegen die Gesetze zu urtheilen; und
wollten wir die Sache genau beym Lichte besehen,
so möchte die Moral noch weniger zur Competenz
des Rechtsgelehrten gehören, als zu der des Arztes.

Der Rechtsgelehrte, welcher bey jedem einzel=
nen Verbrechen den Grad der Moralität des Inqui=
siten und seiner That ausspähen wollte, würde sich
in ein Labyrinth verwickeln, aus welchem er kaum
den Ausgang wieder finden möchte.

Zu dieser Bemerkung hat mir ein Recensent
des zweyten Stückes meiner Materialien f. St.
A. K. und I P. Anlaß gegeben, der es mir verdachte
daß ich in einem Gutachten den Lt. von Scepanski
betreffend einen moralischen Grund angeführt hatte.